非物质文化遗产
法律指南

文化藝術出版社
Culture and Art Publishing House

《非物质文化遗产法律指南》编委会名单

编委会主任：
李树文（全国人大教科文卫委员会副主任委员）
信春鹰（全国人大常委会法制工作委员会副主任）
袁曙宏（国务院法制办公室副主任）
王文章（文化部副部长）

编委会副主任：
朱　兵（全国人大教科文卫委员会文化室主任）
王超英（全国人大常委会法工委行政法室主任）
张建华（国务院法制办教科文卫司司长）
韩永进（文化部政策法规司司长）
马文辉（文化部非物质文化遗产司司长）

编委会委员：

徐国宝	黄　薇	张耀明	孙若风	屈盛瑞	马盛德	周小璞
孙　雷	李文阁	齐　冰	温　泉	李　辉	张　涛	曹　阳
张晓莹	宫士友	黄文军	王新艳	杨　帆	王建华	聂惠玲
张　域	张雪超	王鹤云	吕吉洋	兰　静	张　兵	宋　伟
荣书琴	郝永安	李晓松	孙占伟	韩　冰	张呈鸿	岳　青
杨晓辉	张晓莉	李昱明				

目 录

依法保护　重在传承
　　——关于贯彻《中华人民共和国非物质文化遗产法》的
　　几点思考 ……………… 文化部部长　蔡　武（1）

第一部分　法律及其相关文件

中华人民共和国主席令（第四十二号）……………………（9）
中华人民共和国非物质文化遗产法 ………………………（9）
国务院关于提请审议《中华人民共和国非物质文化
　　遗产法（草案）》的议案 ……………………………（18）
关于《中华人民共和国非物质文化遗产法（草案）》
　　的说明……………………………………………………（19）
全国人大教科文卫委员会关于《中华人民共和国非物
　　质文化遗产法（草案）》的审议意见 ………………（24）
全国人民代表大会法律委员会关于《中华人民共和国
　　非物质文化遗产法（草案）》修改情况的汇报 ………（27）
全国人民代表大会法律委员会关于《中华人民共和国非物质
　　文化遗产法（草案三次审议稿）》修改意见的报告 …（30）
全国人民代表大会法律委员会关于《中华人民共和国非物质
　　文化遗产法（草案）》审议结果的报告 ……………（32）

第二部分　《中华人民共和国非物质文化遗产法》条文释义

《中华人民共和国非物质文化遗产法》条文释义 …………（37）

· 1 ·

第三部分　国务院及其有关部门文件

国务院关于加强文化遗产保护的通知……………………（165）
国务院办公厅关于加强我国非物质文化遗产保护工作
　　的意见…………………………………………………（173）
中宣部、中央文明办、教育部、民政部、文化部关于
　　运用传统节日弘扬民族文化的优秀传统的意见………（184）
国家级非物质文化遗产保护与管理暂行办法……………（190）
国家级非物质文化遗产项目代表性传承人认定与管理
　　暂行办法………………………………………………（195）
财政部、文化部关于印发《国家非物质文化遗产保护专
　　项资金管理暂行办法》的通知…………………………（199）
文化部办公厅关于印发《中国非物质文化遗产标识管
　　理办法》的通知…………………………………………（204）
文化部、教育部、全国青少年校外教育工作联席会议办
　　公室关于在未成年人校外活动场所开展非物质文化
　　遗产传承教育活动的通知………………………………（212）
文化部关于加强国家级文化生态保护区建设的指导意见…（215）
文化部办公厅关于宣传贯彻《中华人民共和国非物质
　　文化遗产法》的通知……………………………………（222）

第四部分　国际公约及其相关文件

全国人民代表大会常务委员会关于批准《保护非物质
　　文化遗产公约》的决定…………………………………（231）
保护非物质文化遗产公约……………………………………（231）
全国人民代表大会常务委员会关于批准《保护和促进
　　文化表现形式多样性公约》的决定……………………（246）
保护和促进文化表现形式多样性公约………………………（246）

依法保护　重在传承
——关于贯彻《中华人民共和国非物质
文化遗产法》的几点思考

文化部部长　蔡　武

《中华人民共和国非物质文化遗产法》(简称《非遗法》)将于2011年6月1日起施行。《非遗法》的出台,适应了文化多样性发展的世界潮流,丰富了我国社会主义法律体系,对继承和弘扬中华民族优秀传统文化、增强民族凝聚力和创造力,推动文化的大发展大繁荣将产生重大而深远的影响。

具有里程碑意义

《非遗法》是中国特色社会主义政治、经济、社会、文化四位一体战略布局中颁布的一部重要法律。

《非遗法》是完善中国特色社会主义法律体系,加强文化立法的重要步骤。文化领域的法律法规是中国特色社会主义法律体系的重要组成部分,是全面实施"依法治国"的具体体现,在文化建设中具基础性和全局性的作用。改革开放三十多年来,我国文化立法取得了很大进展,初步形成了覆盖文化遗产保护、知识产权保护、公共文化服务、文化市场管理等全方位的法规体系。但总体上看,文化建设的法律层级还较低,体系还很不完善。《非遗法》是继《文物保护法》颁布近三十年来,文化领域的又一部重要法律,不仅提升了文化立法的层次和水平,而且丰富了我国法律体系的内容,在文化建设立法中具有里程碑的意义。

《非遗法》的出台将为加强非物质文化遗产保护工作提供坚实保障。随着非物质文化遗产保护工作的逐步深入,社会各界都认识到,保护非物质文化遗产是一项长期而艰巨的任务,需要法律、科技、行政和财政各项措施环环相扣,持续不断。随着工作实践的深入,近些年来各地颁布了一些地方性保护法规,但在整个国家层面的立法仍是空白。《非遗法》的出台,将党中央关于文化遗产保护的方针政策上升为国家意志,将非物质文化遗产保护的有效经验上升为法律制度,将各级政府部门保护非物质文化遗产的职责上升为法律责任,为非物质文化遗产保护政策的长期实施和有效运行提供了坚实保障。

此外,《非遗法》的出台是我国履行国际公约义务的重要体现。我国是制定《保护非物质文化遗产公约》的重要发起国,并两次当选保护非物质文化遗产政府间委员会委员国。以法律的形式保护本国非物质文化遗产,是《保护非物质文化遗产公约》赋予缔约国的重要职责。作为一个负责任的大国,中国有责任、也有义务,为推进国际社会的非物质文化遗产保护做出努力。在充分吸收国际公约精神的基础上,结合我国非物质文化遗产的保护实践制定《非遗法》,这是我国全面履行国际公约义务的体现,彰显了我国维护人类文化多样性的决心和努力,是我国为促进世界非物质文化遗产保护、维护人类文化多样性做出的积极贡献。

准确把握精神实质

《非遗法》明确了继承和弘扬中华民族优秀传统文化的"一个目标":"继承和弘扬中华民族优秀传统文化,促进社会主义精神文明建设,加强非物质文化遗产保护、保存工作。"这一目标,过去主要体现在党和国家的政策文件中,现在以法律的形式得到确认。为了进一步体现这一目标,《非遗法》从不同角度进行了制度设计：一是在调整范围上，对保护对象进行了明确界定；二是在法律性质上，定位于行政保护为主；三是在保护措施上，实行区别保护，确认国家采取认定、记录、建档等措施保存各类非物质文化遗产，采取传承、传播等方式保护具有历史、文学、艺术、科学价值的非物质文化遗产。

《非遗法》提出了指导非物质文化遗产保护工作的"两大原则"：一是保护非物质文化遗产，应当注重其真实性、整体性和传承性。二是保护非物质文化遗产应当有利于增强中华民族的文化认同，有利于维护国家统一和民族团结，有利于促进社会和谐和可持续发展。这两大原则是我国非物质文化遗产保护经验的高度凝炼和总结，是我们在保护实践中遵循非物质文化遗产传承、衍变规律，处理好有关民族、宗教问题以及传统文化中的精华与糟粕等问题的重要指针。

《非遗法》规定了非物质文化遗产保护的"三项制度"，分别是调查制度、代表性项目名录制度、传承与传播制度：非物质文化遗产调查是保护工作的基础，本法对县级以上人民政府、各有关部门、公民、法人和其他组织的调查以及境外组织或个人在我国境内的调查分别做出了规定；建立非物质文化遗产代表性项目名录，是为了集中有限的资源，对体现中华民族优秀传统文化，具有历史、文学、艺术、科学价值的非物质文化遗产项目制定保护规划，进行重点保护，并明确了建立名录的程序规范和保护要求；非物质文化遗产的传承与传播，既包括对代表性传承人的认定和扶持，也包括各级人民政府、有关部门及学校、新闻媒体、公共文化机构等在非物质文化遗产宣传、教育、传播方面的重要责任。另外，国家鼓励和支持合理利用非物质文化遗产代表性项目开发具有地方、民族特色和市场潜力的文化产品和文化服务。

对几个问题的理解

我对这部法律涉及的几个问题谈几点认识。

一是关于非物质文化遗产的保护和保存。《非遗法》立法过程中,大家对非物质文化遗产保护和保存的内涵和关系进行了广泛的探讨甚至是激烈的争论。目前出台的《非遗法》分为"保存"和"保护"两个层面,是考虑到在我国语境中,"保护"更具有积极的意义,不能完全照搬联合国教科文组织的提法。同时,我国非物质文化遗产种类繁多、性质各异,有的民俗和民间信仰活动或多或少含有一些与时代发展不相符合的因素,需要在认真甄别的基础上,针对不同的情况采取相应措施。

非物质文化遗产保护工作开展以来,社会上一直存在有可能保护一些消极的、负面文化的担忧。本法将"保护"与"保存"区别开来。对于本法界定范围的所有非物质文化遗产,采取认定、记录、建档等措施,通过影像资料、书面资料作为历史的记忆保存下来,以便研究和展示;而对那些体现中华民族优秀传统文化,具有历史、文学、艺术、科学价值的非物质文化遗产,采取积极有效的措施,包括将其列入名录、建立传承传播机制进行保护和弘扬。

二是关于如何看待非物质文化遗产整体性保护。《非遗法》明确提出了对非物质文化遗产项目集中、特色鲜明、形式和内涵保持完整的特定区域,实行区域性整体保护。自 2007 年以来,我们通过对非物质文化遗产区域性整体保护的探索和实践,开展了国家级文化生态保护实验区建设,并根据国家"十一五"文化发展纲要的要求,相继设立了十一个国家级文化生态保护实验区,并初步总结出文化生态保护的工作原则和措施,出台了指导性意见。

但总体而言,区域性整体保护方式是我们开展非物质文化遗产保护工作的一种探索和创新,可借鉴的国内外经验较少,文化生态保护区的保护内容、保护方式、管理模式以及非物质文化遗产保护同区内各项建设事业的相互关系等需要做深入探索。今后我们要进一步出台相关规章,防止文化生态保护区变成一般意义上的经济开发区。

三是关于如何对待使用非物质文化遗产涉及的知识产权保护。《非遗法》是一部行政法,主要规范行政部门的行为,而知识产权属于民事范畴,不是这部法律所能完全涵盖的。同时,非物质文化遗产保护涉及的知识产权问题非常复杂,特别是许多非物质文化遗产的原创权属关系不是很明确,谁是权利主体有时难以确定,这些问题具有相当的复杂性,学术界对此也有不同看法。但考虑到非物质文化遗产使用会涉及到知识产权问题,《非遗法》对此做了衔接性规定,"使用非物质文化遗产涉及知识产权的,适用有关法律、行政法规的规定"。

(2011年3月2日《人民日报》发表)

第一部分　法律及其相关文件

中华人民共和国主席令

第四十二号

《中华人民共和国非物质文化遗产法》已由中华人民共和国第十一届全国人民代表大会常务委员会第十九次会议于2011年2月25日通过,现予公布,自2011年6月1日起施行。

中华人民共和国主席　胡锦涛
2011年2月25日

中华人民共和国非物质文化遗产法

(2011年2月25日第十一届全国人民代表大会常务委员会第十九次会议通过)

目　录

第一章　总　则
第二章　非物质文化遗产的调查
第三章　非物质文化遗产代表性项目名录
第四章　非物质文化遗产的传承与传播
第五章　法律责任
第六章　附　则

第一章 总 则

第一条 为了继承和弘扬中华民族优秀传统文化,促进社会主义精神文明建设,加强非物质文化遗产保护、保存工作,制定本法。

第二条 本法所称非物质文化遗产,是指各族人民世代相传并视为其文化遗产组成部分的各种传统文化表现形式,以及与传统文化表现形式相关的实物和场所。包括:

(一)传统口头文学以及作为其载体的语言;

(二)传统美术、书法、音乐、舞蹈、戏剧、曲艺和杂技;

(三)传统技艺、医药和历法;

(四)传统礼仪、节庆等民俗;

(五)传统体育和游艺;

(六)其他非物质文化遗产。

属于非物质文化遗产组成部分的实物和场所,凡属文物的,适用《中华人民共和国文物保护法》的有关规定。

第三条 国家对非物质文化遗产采取认定、记录、建档等措施予以保存,对体现中华民族优秀传统文化,具有历史、文学、艺术、科学价值的非物质文化遗产采取传承、传播等措施予以保护。

第四条 保护非物质文化遗产,应当注重其真实性、整体性和传承性,有利于增强中华民族的文化认同,有利于维护国家统一和民族团结,有利于促进社会和谐和可持续发展。

第五条 使用非物质文化遗产,应当尊重其形式和内涵。

禁止以歪曲、贬损等方式使用非物质文化遗产。

第六条 县级以上人民政府应当将非物质文化遗产保护、保存工作纳入本级国民经济和社会发展规划,并将保护、保存经费列入本级财政预算。

国家扶持民族地区、边远地区、贫困地区的非物质文化遗产保护、保存工作。

第七条 国务院文化主管部门负责全国非物质文化遗产的保护、保存工作；县级以上地方人民政府文化主管部门负责本行政区域内非物质文化遗产的保护、保存工作。

县级以上人民政府其他有关部门在各自职责范围内，负责有关非物质文化遗产的保护、保存工作。

第八条 县级以上人民政府应当加强对非物质文化遗产保护工作的宣传，提高全社会保护非物质文化遗产的意识。

第九条 国家鼓励和支持公民、法人和其他组织参与非物质文化遗产保护工作。

第十条 对在非物质文化遗产保护工作中做出显著贡献的组织和个人，按照国家有关规定予以表彰、奖励。

第二章 非物质文化遗产的调查

第十一条 县级以上人民政府根据非物质文化遗产保护、保存工作需要，组织非物质文化遗产调查。非物质文化遗产调查由文化主管部门负责进行。

县级以上人民政府其他有关部门可以对其工作领域内的非物质文化遗产进行调查。

第十二条 文化主管部门和其他有关部门进行非物质文化遗产调查，应当对非物质文化遗产予以认定、记录、建档，建立健全调查信息共享机制。

文化主管部门和其他有关部门进行非物质文化遗产调查，应当收集属于非物质文化遗产组成部分的代表性实物，整理调查工作中取得的资料，并妥善保存，防止损毁、流失。其他有关部门取得的实物图片、资料复制件，应当汇交给同级文化主管部门。

第十三条 文化主管部门应当全面了解非物质文化遗产有关

情况，建立非物质文化遗产档案及相关数据库。除依法应当保密的外，非物质文化遗产档案及相关数据信息应当公开，便于公众查阅。

第十四条 公民、法人和其他组织可以依法进行非物质文化遗产调查。

第十五条 境外组织或者个人在中华人民共和国境内进行非物质文化遗产调查，应当报经省、自治区、直辖市人民政府文化主管部门批准；调查在两个以上省、自治区、直辖市行政区域进行的，应当报经国务院文化主管部门批准；调查结束后，应当向批准调查的文化主管部门提交调查报告和调查中取得的实物图片、资料复制件。

境外组织在中华人民共和国境内进行非物质文化遗产调查，应当与境内非物质文化遗产学术研究机构合作进行。

第十六条 进行非物质文化遗产调查，应当征得调查对象的同意，尊重其风俗习惯，不得损害其合法权益。

第十七条 对通过调查或者其他途径发现的濒临消失的非物质文化遗产项目，县级人民政府文化主管部门应当立即予以记录并收集有关实物，或者采取其他抢救性保存措施；对需要传承的，应当采取有效措施支持传承。

第三章　非物质文化遗产代表性项目名录

第十八条 国务院建立国家级非物质文化遗产代表性项目名录，将体现中华民族优秀传统文化，具有重大历史、文学、艺术、科学价值的非物质文化遗产项目列入名录予以保护。

省、自治区、直辖市人民政府建立地方非物质文化遗产代表性项目名录，将本行政区域内体现中华民族优秀传统文化，具有历史、文学、艺术、科学价值的非物质文化遗产项目列入名录予以保护。

第十九条　省、自治区、直辖市人民政府可以从本省、自治区、直辖市非物质文化遗产代表性项目名录中向国务院文化主管部门推荐列入国家级非物质文化遗产代表性项目名录的项目。推荐时应当提交下列材料：

（一）项目介绍，包括项目的名称、历史、现状和价值；

（二）传承情况介绍，包括传承范围、传承谱系、传承人的技艺水平、传承活动的社会影响；

（三）保护要求，包括保护应当达到的目标和应当采取的措施、步骤、管理制度；

（四）有助于说明项目的视听资料等材料。

第二十条　公民、法人和其他组织认为某项非物质文化遗产体现中华民族优秀传统文化，具有重大历史、文学、艺术、科学价值的，可以向省、自治区、直辖市人民政府或者国务院文化主管部门提出列入国家级非物质文化遗产代表性项目名录的建议。

第二十一条　相同的非物质文化遗产项目，其形式和内涵在两个以上地区均保持完整的，可以同时列入国家级非物质文化遗产代表性项目名录。

第二十二条　国务院文化主管部门应当组织专家评审小组和专家评审委员会，对推荐或者建议列入国家级非物质文化遗产代表性项目名录的非物质文化遗产项目进行初评和审议。

初评意见应当经专家评审小组成员过半数通过。专家评审委员会对初评意见进行审议，提出审议意见。

评审工作应当遵循公开、公平、公正的原则。

第二十三条　国务院文化主管部门应当将拟列入国家级非物质文化遗产代表性项目名录的项目予以公示，征求公众意见。公示时间不得少于二十日。

第二十四条　国务院文化主管部门根据专家评审委员会的审议意见和公示结果，拟订国家级非物质文化遗产代表性项目名录，报国务院批准、公布。

第二十五条　国务院文化主管部门应当组织制定保护规划，对国家级非物质文化遗产代表性项目予以保护。

省、自治区、直辖市人民政府文化主管部门应当组织制定保护规划，对本级人民政府批准公布的地方非物质文化遗产代表性项目予以保护。

制定非物质文化遗产代表性项目保护规划，应当对濒临消失的非物质文化遗产代表性项目予以重点保护。

第二十六条　对非物质文化遗产代表性项目集中、特色鲜明、形式和内涵保持完整的特定区域，当地文化主管部门可以制定专项保护规划，报经本级人民政府批准后，实行区域性整体保护。确定对非物质文化遗产实行区域性整体保护，应当尊重当地居民的意愿，并保护属于非物质文化遗产组成部分的实物和场所，避免遭受破坏。

实行区域性整体保护涉及非物质文化遗产集中地村镇或者街区空间规划的，应当由当地城乡规划主管部门依据相关法规制定专项保护规划。

第二十七条　国务院文化主管部门和省、自治区、直辖市人民政府文化主管部门应当对非物质文化遗产代表性项目保护规划的实施情况进行监督检查；发现保护规划未能有效实施的，应当及时纠正、处理。

第四章　非物质文化遗产的传承与传播

第二十八条　国家鼓励和支持开展非物质文化遗产代表性项目的传承、传播。

第二十九条　国务院文化主管部门和省、自治区、直辖市人民政府文化主管部门对本级人民政府批准公布的非物质文化遗产代表性项目，可以认定代表性传承人。

非物质文化遗产代表性项目的代表性传承人应当符合下列条件：

（一）熟练掌握其传承的非物质文化遗产；

（二）在特定领域内具有代表性，并在一定区域内具有较大影响；

（三）积极开展传承活动。

认定非物质文化遗产代表性项目的代表性传承人，应当参照执行本法有关非物质文化遗产代表性项目评审的规定，并将所认定的代表性传承人名单予以公布。

第三十条 县级以上人民政府文化主管部门根据需要，采取下列措施，支持非物质文化遗产代表性项目的代表性传承人开展传承、传播活动：

（一）提供必要的传承场所；

（二）提供必要的经费资助其开展授徒、传艺、交流等活动；

（三）支持其参与社会公益性活动；

（四）支持其开展传承、传播活动的其他措施。

第三十一条 非物质文化遗产代表性项目的代表性传承人应当履行下列义务：

（一）开展传承活动，培养后继人才；

（二）妥善保存相关的实物、资料；

（三）配合文化主管部门和其他有关部门进行非物质文化遗产调查；

（四）参与非物质文化遗产公益性宣传。

非物质文化遗产代表性项目的代表性传承人无正当理由不履行前款规定义务的，文化主管部门可以取消其代表性传承人资格，重新认定该项目的代表性传承人；丧失传承能力的，文化主管部门可以重新认定该项目的代表性传承人。

第三十二条 县级以上人民政府应当结合实际情况，采取有效措施，组织文化主管部门和其他有关部门宣传、展示非物质文化遗产代表性项目。

第三十三条　国家鼓励开展与非物质文化遗产有关的科学技术研究和非物质文化遗产保护、保存方法研究，鼓励开展非物质文化遗产的记录和非物质文化遗产代表性项目的整理、出版等活动。

第三十四条　学校应当按照国务院教育主管部门的规定，开展相关的非物质文化遗产教育。

新闻媒体应当开展非物质文化遗产代表性项目的宣传，普及非物质文化遗产知识。

第三十五条　图书馆、文化馆、博物馆、科技馆等公共文化机构和非物质文化遗产学术研究机构、保护机构以及利用财政性资金举办的文艺表演团体、演出场所经营单位等，应当根据各自业务范围，开展非物质文化遗产的整理、研究、学术交流和非物质文化遗产代表性项目的宣传、展示。

第三十六条　国家鼓励和支持公民、法人和其他组织依法设立非物质文化遗产展示场所和传承场所，展示和传承非物质文化遗产代表性项目。

第三十七条　国家鼓励和支持发挥非物质文化遗产资源的特殊优势，在有效保护的基础上，合理利用非物质文化遗产代表性项目开发具有地方、民族特色和市场潜力的文化产品和文化服务。

开发利用非物质文化遗产代表性项目的，应当支持代表性传承人开展传承活动，保护属于该项目组成部分的实物和场所。

县级以上地方人民政府应当对合理利用非物质文化遗产代表性项目的单位予以扶持。单位合理利用非物质文化遗产代表性项目的，依法享受国家规定的税收优惠。

第五章　法律责任

第三十八条　文化主管部门和其他有关部门的工作人员在非物质文化遗产保护、保存工作中玩忽职守、滥用职权、徇私舞弊的，依法给予处分。

第三十九条　文化主管部门和其他有关部门的工作人员进行非物质文化遗产调查时侵犯调查对象风俗习惯，造成严重后果的，依法给予处分。

第四十条　违反本法规定，破坏属于非物质文化遗产组成部分的实物和场所的，依法承担民事责任；构成违反治安管理行为的，依法给予治安管理处罚。

第四十一条　境外组织违反本法第十五条规定的，由文化主管部门责令改正，给予警告，没收违法所得及调查中取得的实物、资料；情节严重的，并处十万元以上五十万元以下的罚款。

境外个人违反本法第十五条第一款规定的，由文化主管部门责令改正，给予警告，没收违法所得及调查中取得的实物、资料；情节严重的，并处一万元以上五万元以下的罚款。

第四十二条　违反本法规定，构成犯罪的，依法追究刑事责任。

第六章　附　则

第四十三条　建立地方非物质文化遗产代表性项目名录的办法，由省、自治区、直辖市参照本法有关规定制定。

第四十四条　使用非物质文化遗产涉及知识产权的，适用有关法律、行政法规的规定。

对传统医药、传统工艺美术等的保护，其他法律、行政法规另有规定的，依照其规定。

第四十五条　本法自 2011 年 6 月 1 日起施行。

国务院关于提请审议
《中华人民共和国非物质文化遗产法
（草案）》的议案

全国人民代表大会常务委员会：

  近年来，党中央、国务院高度重视非物质文化遗产保护、保存工作，制定了一系列方针、政策，我国非物质文化遗产保护、保存工作取得了显著成效。但是，非物质文化遗产日益受到现代生活方式的冲击，一些依靠口传身授予以传承的文化遗产不断消失，许多传统技艺面临人亡艺绝的危险，大量具有历史、文学、艺术、科学价值的珍贵实物遭到毁弃，亟须通过立法明确有关制度，进一步加强和完善非物质文化遗产保护、保存工作。文化部在总结实践经验、广泛调查研究的基础上，起草了《中华人民共和国非物质文化遗产法（草案）》。这个草案已经国务院常务会议讨论通过，现提请审议。

国务院总理

温家宝

2010 年 6 月 27 日

关于《中华人民共和国非物质文化遗产法（草案）》的说明

——2010年8月23日在第十一届全国人民代表大会常务委员会第十六次会议上

文化部部长 蔡 武

委员长、各位副委员长、秘书长、各位委员：

我受国务院的委托，现对《中华人民共和国非物质文化遗产法（草案）》做说明。

非物质文化遗产是指各族人民世代相传并视为其文化遗产组成部分的各种传统文化表现形式，以及与传统文化表现形式相关的实物和场所。党中央、国务院高度重视非物质文化遗产保护、保存工作，制定了一系列方针、政策，我国非物质文化遗产保护、保存工作取得了显著成效。但是，非物质文化遗产日益受到现代生活方式的冲击，一些依靠口传身授予以传承的文化遗产不断消失，许多传统技艺面临人亡艺绝的危险，大量具有历史、文学、艺术、科学价值的珍贵实物遭到毁弃，亟须通过立法明确有关制度，进一步加强和完善非物质文化遗产保护、保存工作。我国已于2004年8月加入了联合国教科文组织《保护非物质文化遗产公约》（以下称《公约》）。《公约》要求缔约国采取法律措施，确保非物质文化遗产得到保护、弘扬和展示。为履行《公约》规定的义务，也有必要制定非物质文化遗产法。

文化部在总结实践经验、广泛调查研究的基础上，起草了《中华人民共和国非物质文化遗产保护法（草案送审稿）》（以下称送审稿),于 2006 年 9 月报请国务院审议。收到此件后,国务院法制办先后 5 次征求有关部门、单位和部分地方政府以及一些专家、学者的意见;到云南、福建、新疆等地调研,了解地方保护、保存非物质文化遗产的经验;4 次召开专家论证会,就重点、难点问题进行研讨。在此基础上,国务院法制办会同文化部对送审稿进行反复研究、修改,形成了《中华人民共和国非物质文化遗产法(草案)》(以下称草案)。草案已经国务院第 115 次常务会议讨论通过。现就草案的主要内容说明如下:

一、关于立法的总体思路

一是为充分利用非物质文化遗产中的积极因素,避免消极影响,对不同的非物质文化遗产采取不同的措施,对所有的非物质文化遗产采取认定、记录、建档等措施予以保存,对具有历史、文学、艺术、科学价值的非物质文化遗产采取传承、传播等措施予以保护。二是发挥政府主导作用,鼓励和支持社会各方面积极参与。三是正确处理保护、保存与利用的关系。四是与《公约》的有关规定保持一致。

二、关于本法的调整对象

根据《公约》的规定,本法调整的非物质文化遗产包括:传统口头文学以及属于其组成部分的语言,传统美术、书法、音乐、舞蹈、戏剧和曲艺,传统技艺、医药和历法,传统礼仪、节庆等民俗,传统体育、游艺和杂技以及其他非物质文化遗产。需要说明的是,《公约》规定的"非物质文化遗产",不仅包括无形遗产,还包括与传统文化表现形式相关的实物如工具、道具等,以及定期举行传统文化活动或者集中展现传统文化表现形式的场所。据此，草案不仅对无形遗产的保护、保存作了规定，还对与传统文化表现形式相关的实物和场所的保护、保存做了规定。

三、关于非物质文化遗产的调查

调查工作是保护非物质文化遗产的基础。对此，草案主要做了以下规定：

一是行政机关开展非物质文化遗产调查的职责和境内外合作进行非物质文化遗产调查的审批。草案根据非物质文化遗产保护、保存工作的实际要求，规定县级政府应当定期组织非物质文化遗产调查，设区的市级以上政府可以组织非物质文化遗产调查，具体调查工作由文化主管部门负责实施；县级以上政府其他部门报经本级政府批准，可以对工作领域内的非物质文化遗产进行调查。同时，考虑到非物质文化遗产调查不能任由境外组织或者个人开展，草案规定：境外组织仅可经批准后与境内非物质文化遗产学术研究机构合作进行非物质文化遗产调查。（第十条、第十三条第一款）

二是实施调查的具体规则。草案规定，实施非物质文化遗产调查，应当征得被调查对象的同意，尊重其风俗习惯，不得损害其合法权益。同时，草案还对调查规定了具体要求。（第十一条第一款、第十二条、第十三条第二款、第十四条）

三是调查成果的利用制度。草案规定，文化主管部门在对非物质文化遗产实施调查后，还应当开展以下工作：建立并公开非物质文化遗产档案及相关数据库；对通过调查发现的濒临消失的非物质文化遗产项目立即采取抢救性保护、保存措施。（第十一条第二款、第十五条）

四、关于非物质文化遗产代表性项目名录

非物质文化遗产数量庞大，种类繁多。建立非物质文化遗产代表性项目名录，有利于突出保护重点。为此，草案主要做了以下规定：

一是建立名录的政府层级。草案规定，国务院和省、自治区、直辖市政府分别建立国家和地方非物质文化遗产代表性项目名录，对具有历史、文学、艺术、科学价值的非物质文化遗产项目予以保护。（第十六条）

二是建立名录的程序规范。为了保证政府做出的决定既具有社会公信力，又符合非物质文化遗产保护工作的需要，在名录建立过程中，需要充分发挥专家的作用。为此，草案对专家评审机构和评审程序做了明确规定：国务院文化主管部门应当组织专家评审小组和专家评审委员会，对有关项目进行评审。省、自治区、直辖市政府建立名录的程序则由省、自治区、直辖市人大或者其常委会，或者省、自治区、直辖市政府规定。（第十七条至第二十条、第二十二条至第二十五条、第四十四条）

三是对列入名录项目的保护制度。草案规定了制定保护规划、对特定区域实行区域性整体保护、对保护规划实施情况进行监督检查等多项具体制度。（第二十六条至第二十九条）

五、关于非物质文化遗产的传承与传播

传承与传播是对需要继承与弘扬的非物质文化遗产进行保护的关键环节。为此，草案主要做了以下规定：

一是对代表性传承人的支持措施。草案规定，国务院和省、自治区、直辖市政府的文化主管部门对本级政府批准公布的非物

质文化遗产代表性项目，可以认定代表性传承人；同时规定了代表性传承人的认定条件、主要义务以及支持其开展传承活动的具体措施。（第三十一条至第三十三条）

二是国家促进非物质文化遗产传播的各项措施。草案规定，地方各级政府应当采取有效措施宣传非物质文化遗产代表性项目，县级以上政府文化主管部门应当组织开展非物质文化遗产代表性项目展示活动；国家鼓励开展相关科研活动，鼓励设立专题博物馆、传承场所；国家支持合理利用非物质文化遗产代表性项目开发文化产品和文化服务，发展文化产业等。（第三十四条、第三十五条、第三十九条、第四十条）

三是学校、新闻媒体、公共文化机构等在传播非物质文化遗产方面的职责。草案规定，学校应当将非物质文化遗产教育纳入相关课程，因地制宜开展教育活动；报刊等新闻媒体应当结合自身特点开展有关宣传、普及活动；公共文化机构等应当根据各自业务范围，开展整理、研究、宣传、展示等有关活动。（第三十六条至第三十八条）

此外，草案还对违反本法有关规定的行为规定了相应的法律责任。（第五章）

《中华人民共和国非物质文化遗产法（草案）》和以上说明是否妥当，请审议。

全国人大教科文卫委员会关于《中华人民共和国非物质文化遗产法（草案）》的审议意见

全国人民代表大会常务委员会：

2010年7月13日，全国人大教科文卫委员会召开第二十四次全体会议，对国务院提请全国人大常委会审议的《中华人民共和国非物质文化遗产法（草案）》进行审议。现将有关情况报告如下：

一、非物质文化遗产法起草和我委前期介入的情况

非物质文化遗产法是一部规范非物质文化遗产保护工作的重要法律，是本届全国人大常委会立法规划中的第一类项目。2006年9月，文化部向国务院提交了该法草案送审稿。国务院法制办公室多次征求有关部门意见，对送审稿进行反复研究、修改，形成了《中华人民共和国非物质文化遗产法（草案）》（以下简称草案）。2010年6月12日，国务院第115次常务会议通过了草案，于6月27日提请全国人大常委会审议。

全国人大教科文卫委员会一直积极开展保护非物质文化遗产的立法调研工作，并积极推动地方立法。目前，云南、贵州、福建、广西、宁夏、江苏、浙江和新疆等地制定了保护非物质文化遗产的地方性法规。在该法律草案起草过程中，全国人大教科文卫委员会与国务院法制办公室和文化部等部门加强沟通，及时交

换意见，对几次草案稿进行了认真研究，许多意见被起草部门采纳。本届全国人大教科文卫委员会分别于 2008 年 9 月和 2009 年 6 月召开全体会议，听取了国务院法制办公室和文化部关于该法起草情况的工作汇报。我委还组成调研组赴广西、湖南、浙江、云南、北京等地以及中国非物质文化遗产保护中心进行调研，听取有关部门、专家学者和民间艺人代表的意见和建议，积极为审议草案作好准备。

二、立法保护非物质文化遗产的必要性

非物质文化遗产是中华民族世代相传的文化财富，是连接民族情感的纽带，是国家软实力的重要组成部分。近年来，我国非物质文化遗产保护工作取得了积极成效，但随着形势的发展，也出现了一些新情况、新问题，一些传统民间文艺、礼仪和习俗正在消失，一些传统技艺面临失传的危险，不少有历史文化价值的珍贵实物和资料遭到毁弃，亟需通过立法建立相关法律制度，进一步加强和规范非物质文化遗产的保护工作。第十届全国人大以来，全国人大代表提出的关于立法保护非物质文化遗产的议案已有 15 件。因此，为继承弘扬中华文化，建设中华民族共有精神家园，推动社会主义文化大发展大繁荣，制定非物质文化遗产法十分必要。而且，我国已于 2004 年 8 月加入联合国教科文组织《保护非物质文化遗产公约》，立法保护非物质文化遗产对我国履行国际义务、推动中华文化走出去也是具有重要意义的。

目前，我国制定非物质文化遗产法的时机已经成熟。2005 年，国务院发布了《关于加强文化遗产保护的通知》，国务院办公厅印发了《关于加强我国非物质文化遗产保护工作的意见》。全国已开展了非物质文化遗产普查工作，建立了国家级保护名录。国务院于 2006 年和 2008 年公布了两批共计 1028 个国家级

非物质文化遗产项目，文化部分三批共认定了 1488 名国家级非物质文化遗产项目代表性传承人，批准设立了 8 个国家级文化生态保护实验区，各地已基本建立了地方非物质文化遗产代表性项目名录体系。这些都为我国制定非物质文化遗产法积累了实践经验。

三、我委对草案的初步审议意见

教科文卫委员会认为，草案自 2006 年提出以来，国务院有关部门及我委对草案进行了深入调研，召开了论证会，广泛听取了意见，目前草案总体上比较成熟，符合非物质文化遗产保护工作的实际需要和发展趋势。在审议过程中，有些委员对草案的一些内容及文字表述提出了意见和建议，这些问题可以在全国人大常委会审议过程中研究讨论。鉴于草案已有较好基础，建议按计划列入第十一届全国人大常委会第十六次会议议程审议。

全国人民代表大会法律委员会关于《中华人民共和国非物质文化遗产法（草案）》修改情况的汇报

全国人民代表大会常务委员会：

常委会第十六次会议对非物质文化遗产法（草案）进行了初次审议。会后，法制工作委员会将草案印发各省（区、市）和中央有关部门等单位征求意见。中国人大网站全文公布草案向社会征求意见。法律委员会、教育科学文化卫生委员会和法制工作委员会联合召开座谈会，听取意见。法律委员会、法制工作委员会还到北京、云南、贵州调研，并就主要问题同有关部门交换意见，共同研究。法律委员会于12月3日召开会议，根据常委会组成人员的审议意见和各方面的意见，对草案进行了逐条审议。教育科学文化卫生委员会、国务院法制办公室、文化部、工业和信息化部有关负责同志和国家中医药管理局有关同志列席了会议。12月14日，法律委员会召开会议，再次进行了审议。现将非物质文化遗产法（草案）主要问题的修改情况汇报如下：

一、草案第三条规定："国家对非物质文化遗产采取认定、记录、建档等措施予以保存，对具有历史、文学、艺术、科学价值的非物质文化遗产采取传承、传播等措施予以保护。"教育科学文化卫生委员会提出，对应予保护并鼓励传承、传播的具有历史、文学、艺术或者科学价值的非物质文化遗产，应进一步限定为属于中华民族优秀传统文化的范围。法律委员会经同教育科学文化卫生委员会和国务院法制办公室、文化部研究，建议将上述规定修改为:"国家对非物质文化遗产采取认定、记录、建档等措施予以保存,对体现中华民族优秀传统文化,具有历史、文学、艺术、科学价值的非物质文化遗产采取传承、传播等措施予以保护。"(草案二次审议稿第三条)

二、有的常委会组成人员、教育科学文化卫生委员会和一些地方提出,一些民族、边远、贫困地区非物质文化遗产保护工作经费不足,国家应当采取措施予以扶持。法律委员会经同教育科学文化卫生委员会和国务院法制办公室、文化部研究,建议在草案第六条中增加一款规定:"国家扶持民族地区、边远地区、贫困地区的非物质文化遗产保护、保存工作。"(草案二次审议稿第六条第二款)

三、有的常委会组成人员提出,提高全社会保护非物质文化遗产的意识,对于做好文化遗产保护工作十分必要。本法应在总则中体现这一内容。法律委员会经同教育科学文化卫生委员会和国务院法制办公室、文化部研究,建议在总则中增加一条规定:"县级以上人民政府应当加强对非物质文化遗产保护工作的宣传,提高全社会保护非物质文化遗产的意识。"(草案二次审议稿第八条)

四、草案第十三条规定,境内非物质文化遗产学术研究机构与境外组织合作进行非物质文化遗产调查的,应当报经省级以上文化主管部门批准。有的常委委员和一些地方提出,这一规定没有明确境外组织和个人是否可以单独实施非物质文化遗产调查。目前境外组织和个人来华实施非物质文化遗产调查的情况时有发生,本法应从法律制度上予以规范。法律委员会经同教育科学文化卫生委员会和国务院法制办公室、文化部研究,建议将草案这一条修改为:境外组织在中华人民共和国境内开展非物质文化遗产调查的,应当与境内非物质文化遗产学术研究机构合作进行,并报经省级以上文化主管部门批准。境外个人在中华人民共和国

境内开展非物质文化遗产调查的，应当报经县级文化主管部门批准。（草案二次审议稿第十五条）

五、有的常委委员和一些地方提出，为了督促传承人更好地履行传承义务，有必要增加规定其不履行传承义务的退出机制。法律委员会经同教育科学文化卫生委员会和国务院法制办公室、文化部研究，建议在草案第三十三条中增加一款规定："非物质文化遗产代表性项目的代表性传承人无正当理由不履行前款规定义务的，文化主管部门可以取消其代表性传承人资格，重新认定该项目的代表性传承人。"（草案二次审议稿第三十一条第二款）

还有一个问题需要汇报。有些常委会组成人员建议本法的名称中增加"保护"二字，修改为"非物质文化遗产保护法"，以突出立法目的。法律委员会经同教育科学文化卫生委员会和国务院法制办公室、文化部研究认为，草案确定了国家对非物质文化遗产予以保存，对体现中华民族优秀传统文化，具有历史、文学、艺术、科学价值的非物质文化遗产予以保护的原则，并分别明确了相应的制度。这有利于充分利用非物质文化遗产中的积极因素，避免消极影响。本法名称涵盖了草案保护、保存两方面的内容，是适当的，建议不作修改。

此外，还对草案作了一些文字修改。

草案二次审议稿已按上述意见作了修改，法律委员会建议本次常委会会议继续审议。

草案二次审议稿和以上汇报是否妥当，请审议。

全国人民代表大会法律委员会
2010年12月20日

全国人民代表大会法律委员会关于《中华人民共和国非物质文化遗产法（草案三次审议稿）》修改意见的报告

全国人民代表大会常务委员会：

本次常委会会议于 2 月 23 日下午对非物质文化遗产法（草案三次审议稿）进行了分组审议，普遍认为，草案已经比较成熟，建议进一步修改后，提请本次会议表决通过。同时，有些常委委员还提出了一些修改意见。法律委员会于 2 月 23 日晚上召开会议，逐条研究了常委会组成人员的审议意见，对草案进行了审议。教育科学文化卫生委员会和国务院法制办公室、文化部有关负责同志列席了会议。法律委员会认为，草案是可行的，同时，提出以下修改意见：

草案三次审议稿第五条第二款规定："使用非物质文化遗产涉及知识产权的，适用有关法律、行政法规的规定。"有的常委委员提出，此款内容属于相关法律适用问题，可不规定或者在附则中规定。法律委员会经同教育科学文化卫生委员会和国务院法制办公室、文化部研究，建议将这一款移入附则第四十四条作为第一款。（草案建议表决稿第四十四条第一款）

此外，有些常委会组成人员还提出其他一些意见。有的建议增强国家扶持民族边远贫困地区的非物质文化遗产保护、保存工作规定的可操作性，有的建议对代表性传承人的认定增加公示程序，有的建议明确国家对生活困难的传承人予以保障，还有的建议增加规定其他部门对文化部门的调查予以配合。法律委员会经同教育科学文化卫生委员会和国务院法制办公室、文化部研究认为,这些问题,有的可在本法的配套法规中做出规定,有的属于其他法律调整的范围,本法可不作规定。

草案建议表决稿已按上述意见作了修改,法律委员会建议本次常委会会议通过。

草案建议表决稿和以上汇报是否妥当,请审议。

全国人民代表大会法律委员会

2011年2月25日

全国人民代表大会法律委员会关于《中华人民共和国非物质文化遗产法（草案）》审议结果的报告

全国人民代表大会常务委员会：

常委会第十八次会议对非物质文化遗产法（草案二次审议稿）进行了审议。会后，法律委员会、法制工作委员会就一些主要问题同有关部门交换意见，共同研究，并就使用非物质文化遗产可能涉及的知识产权问题召开座谈会，听取有关方面的意见。法律委员会于1月27日召开会议，根据常委会组成人员的审议意见和各方面的意见，对草案进行了审议。教育科学文化卫生委员会和国务院法制办公室的负责同志列席了会议。2月16日，法律委员会召开会议，再次进行审议。法律委员会认为，为了继承和弘扬中华民族优秀传统文化，促进社会主义精神文明建设，加强非物质文化遗产保护、保存工作，制定本法是必要的，草案经过常委会二次审议修改，已经比较成熟。同时，提出以下主要修改意见：

一、有的常委委员提出，本法应当增加非物质文化遗产知识产权保护的内容。法律委员会经同教育科学文化卫生委员会和国务院法制办公室、文化部研究认为，对于使用非物质文化遗产可能涉及的知识产权问题，应当依照有关法律、行政法规的规定处理，本法可做适当衔接性规定。建议在草案二次审议稿第五条中增加一款规定："使用非物质文化遗产涉及知识产权的，适用有关法律、行政法规的规定。"（草案三次审议稿第五条第二款）

二、草案二次审议稿第十五条对境外组织和个人在我国境内开展非物质文化遗产调查的审批程序分别做了规定。其中，规定境外个人在我国境内开展非物质文化遗产调查，应当报经县级文化主管部门批准。有的常委委员和教育科学文化卫生委员会提出，境外个人进行非物质文化遗产调查，应当同境外组织适用同样的批准程序，并提交调查报告和调查中取得的实物图片、资料复制件。法律委员会经同教育科学文化卫生委员会和国务院法制办公室、文化部研究，建议将这一条修改为："境外组织或者个人在中华人民共和国境内进行非物质文化遗产调查，应当报经省、自治区、直辖市人民政府文化主管部门批准；调查在两个以上省、自治区、直辖市行政区域进行的，应当报经国务院文化主管部门批准；调查结束后，应当向批准调查的文化主管部门提交调查报告和调查中取得的实物图片、资料复制件。""境外组织在中华人民共和国境内进行非物质文化遗产调查，应当与境内非物质文化遗产学术研究机构合作进行。"（草案三次审议稿第十五条）

三、草案二次审议稿第三十一条中规定，非物质文化遗产代表性项目的代表性传承人无正当理由不履行传承义务的，可取消其资格并重新认定代表性传承人。有的常委委员和教育科学文化卫生委员会提出，对代表性传承人因身体等原因丧失传承能力的，文化主管部门也应当重新认定该项目的代表性传承人。法律委员会经同教育科学文化卫生委员会和国务院法制办公室、文化部研究，建议在草案二次审议稿第三十一条第二款中增加规定：代表性传承人"丧失传承能力的，文化主管部门可以重新认定该项目的代表性传承人"。（草案三次审议稿第三十一条第二款）

四、草案二次审议稿第三十七条规定，国家鼓励和支持合理利用非物质文化遗产代表性项目开发文化产品和文化服务。有的常委委员提出，对开发利用非物质文化遗产代表性项目的单位，也应当规定相应的义务。法律委员会经同教育科学文化卫生委员会和国务院法制办公室、文化部研究，建议在这一条中增加一款规定："开发利用非物质文化遗产代表性项目的，应当支持代表性传承人开展传承活动，保护属于该项目组成部分的实物和场所。"（草案三次审议稿第三十七条第二款）

此外，还对草案二次审议稿做了一些文字修改。

草案三次审议稿已按上述意见做了修改，法律委员会建议本次常委会会议审议通过。

草案三次审议稿和以上报告是否妥当，请审议。

全国人民代表大会法律委员会
2011 年 2 月 23 日

第二部分 《中华人民共和国非物质文化遗产法》条文释义

《中华人民共和国非物质文化遗产法》条文释义

非物质文化遗产是整个文化遗产中的一个重要组成部分。随着 21 世纪全球经济社会的快速发展，非物质文化遗产的价值日益显现，对其保护的重要性和紧迫性日益突出。上世纪下半叶以来，非物质文化遗产保护逐渐成为一个国际性问题，出现了一股强化政府行政保护的势头。联合国教科文组织 1989 年提出了"保护民间文化和传统文化的建议案"，倡导各成员国保护传统文化和民间文化。1997 年 11 月，联合国教科文组织第 29 届大会通过了建立"人类口头和非物质遗产代表作"的决议。2000 年 4 月，该组织总干事致函各国，正式启动了"人类口头和非物质遗产代表作名录"的申报、评估工作，并于 2001 年开始在全球范围内选评。迄今我国已有昆曲、古琴艺术、新疆维吾尔木卡姆艺术、蒙古族长调民歌、端午节、中国书法等 28 项入选人类非物质文化遗产代表作名录；羌年、中国活字印刷术等 6 项入选急需保护的非物质文化遗产名录。2001 年 11 月，联合国教科文组织第 31 届会议通过了《世界文化多样性宣言》。宣言强调文化多样性的重要意义，主张各国应制定相应文化政策，保护文化的多样性。2002 年 9 月，该组织专门就非物质文化遗产的保护召开第三次全球文化部长会议，通过了《伊斯坦布尔宣言》，强调非物质文化遗产是构成人们文化特性的基本要素，是全人类的共同财富，各国政府有责任制定政策和采取措施保护它们，使之不断传承和传播。近些年来，该组织还积极推动相关国际公约的达成，经过不断的起草和修改，2003年10月，联合国教科文组织第32届大会通过了《保护非物质文化遗产公约》。该公约由此成为与《保护世界文化和自然遗产公约》相呼应的国际公约，要求"各缔约国应该采取必要措施确保其领土上的非物质文化遗产受到保护"，这些措施包括"适当的法律、技术、行政和财政措施"，通过拟定清单、制定保护规划、建立保护机构、培养保护队伍、加强宣传、传播、教育等来确认、展示和传承这种遗产。这为各成员国制定相关国内法提供了国际法依据。2004年8月，我国政府正式向十届全国人大常委会第十一次会议提请加入该项公约，经常委会审议后得到了批准。我国成为全球率先批准加入该公约的国家之一。2006年我国成为该公约的政府间委员会成员。在这样背景下，全面研究并解决我国非物质文化遗产的法律保护问题，成为一个急迫问题。

我国是一个历史悠久的文明古国，不仅有大量的物质文化遗产，还有丰富的非物质文化遗产。流传至今的各种神话、歌谣、谚语、音乐、舞蹈、戏曲、曲艺、皮影、剪纸、绘画、雕刻、刺绣、印染等传统口头文学、表演艺术和技艺以及各种礼仪、节庆、民族体育活动等，构成了民族民间传统文化的主要内容，是世界历史文化中的一个巨大宝库。这是中华民族世代相传的文化财富，是我们发展先进文化的民族根基和重要的精神资源，是国家和民族生存和发展的一个重要内在动力。中华民族血脉之所以绵延至今从未间断，非物质文化遗产的贡献不可替代。近些年来，党中央、国务院一直高度重视非物质文化遗产保护、保存工作，制定了一系列方针政策，采取了许多措施，各级政府为此做出了很大努力，取得了显著成绩。2005年3月，国务院办公厅发布了《关于加强我国非物质文化遗产保护工作的意见》，第一次以中央政府文件的形式明确了现阶段各级政府对非物质文化遗产实行行政保护的目标、方针、基本制度和工作机制。2005年

12月，国务院《关于加强文化遗产保护的通知》明确提出要"加强文化遗产保护法律法规建设，推进文化遗产保护的法制化、制度化和规范化。积极推动非物质文化遗产保护法、历史文化名城和历史文化街区、村镇保护条例等法律法规的立法进程，争取早日出台"。2005年6月至2009年10月，文化部开展了全国非物质文化遗产普查工作，登记了非物质文化遗产资源总量约87万项。建立了代表作名录和代表性传承人制度，截至2009年，国务院公布了两批国家级非物质文化遗产名录1028项；全国省级名录项目7109个，地市级名录项目18186个，县级名录项目53776个；国家级代表性传承人1488名，省级传承人6332名。文化部还批准设立了闽南文化生态保护实验区等11个国家级文化生态保护实验区。各地设立了上千处专题博物馆、传习所等展示、传习设施。各级政府建立了机构队伍，加大了经费投入，截至2010年，中央政府已累计投入10.24亿元专项保护资金。

非物质文化遗产的立法工作始于1998年，至今已历时十余年。全国人大教科文卫委员会先后赴云南、广西、贵州、四川、新疆、江苏、浙江等许多省区就民族民间文化艺术、传统工艺、民间艺术之乡的保护现状、问题开展了大量深入调研，向文化部提出了研究起草民族民间传统文化保护法的建议，并会同文化部、国家文物局召开了立法工作座谈会和国际研讨会。2002年8月，文化部向九届全国人大教科文卫委员会报送了立法建议稿，全国人大教科文卫委员会成立起草小组，并于2003年11月形成了《中华人民共和国民族民间传统文化保护法草案》。2004年8月，十届全国人大常委会第十一次会议批准我国加入《保护非物质文化遗产公约》。由于"非物质文化遗产"这一概念在我国逐渐取代"民族民间文化"的传统概念，十届全国人大教科文卫委员会成立立法专门小组，将草案名称调整为《中华人民共和国非物质文化遗产保护法》，决定由文化部牵头，组织有关方面的力量，在已有立法起草工作的基础上，根据我国实际情况的变化和《保护非物质文化遗产公约》的要求，重新起草，并协调各方加快该法的立法进程。十一届全国人大常委会组成后，非常重视非物质文化遗产保护法的立法工作，将其列入五年立法规划。这期间，全国人大教科文卫委员会还积极促进和推动一些地方立法机关如云南、贵州、福建、广西、江苏、浙江、宁夏、新疆等省区人大常委会制定出台了相关地方性法规。随着各级政府非物质文化遗产保护政策措施的深入展开和地方立法实践的推行，其实践经验为国家立法提供了很好的参照和依据。2006年9月，文化部经过广泛征求意见，正式将法律草案向国务院报请审议，其后，国务院法制办公室对草案送审稿反复研究修改，形成了《中华人民共和国非物质文化遗产法（草案）》，经国务院第115次常务会议讨论通过，于2010年8月提请十一届全国人大常委会第十六次会议审议，经2010年12月十八次会议、2011年2月十九次会议审议，通过了法律草案，并规定于2011年6月1日起施行。该法共6章45条，包括：总则，非物质文化遗产的调查，非物质文化遗产代表性项目名录，非物质文化遗产的传承与传播，法律责任及附则。

第一章 总　则

【本章提要】 凡一部法律，其开篇的"总则"通常都是对立法宗旨、目的及所确立的基本原则和制度所作的概括性规定。这是该部法律的主线和总纲。本章作为非物质文化遗产法的总则，主要从八个方面规定和体现了我国非物质文化遗产法律制度的基本立法原则：一是本法立法的宗旨和目的；二是本法调整的对象和范围；三是对不同性质和价值的非物质文化遗产分别采取保护、保存措施；四是保护非物质文化遗产工作应遵循的原则要求和禁止行为的规定；五是县级以上人民政府、文化主管部门以及其他有关部门的管理职责；六是非物质文化遗产保护、保存工作的经费来源和保障；七是公民、法人和其他组织参与保护工作的地位；八是相关奖励制度等。

第一条　为了继承和弘扬中华民族优秀传统文化，促进社会主义精神文明建设，加强非物质文化遗产保护、保存工作，制定本法。

【释义】本条阐明了制定非物质文化遗产法的立法宗旨和目的。我们为什么要立这部法呢？主要就是这里所说的三条：一是"继承和弘扬中华民族优秀传统文化"，二是"促进社会主义精神文明建设"，三是"加强非物质文化遗产保护、保存工作"。下面分别予以阐述：

一、制定非物质文化遗产法，是为了继承和弘扬中华民族优秀传统文化。

我国是一个历史悠久、文化资源非常丰富的文明古国。中华民族的历代祖先在他们的生产和生活实践中创造了光辉灿烂的优秀文化。有相当一部分优秀传统文化通过非物质文化遗产的形式流传至今。我们应当高度重视这些珍贵的文化遗产，充分发掘其文化内涵，发挥其净化人心、提升人的素质、凝聚整个民族的作用。

非物质文化遗产作为"各种传统文化表现形式，以及与传统文化表现形式相关的实物和场所"（见本法第二条），是一个不断流动的活的载体，它的文化功能表现为两个方面：首先，它承载着中华民族自强不息、厚德载物、仁爱和谐、诚信礼让、团结统一的精神，这是我们中华民族的真正的灵魂，是维系整个民族的精神纽带，对此，我们今天应当很好地加以继承和弘扬。其次，各种异彩缤纷、姿态万千的非物质文化遗产，其本身作为活态的文化形式，不论是传统美术、传统技艺和传统医药，还是传统礼仪、节庆等民俗，或者传统的音乐、舞蹈、戏剧、曲艺，都是我国人民世代相传的特有的生产、生活方式，是民族特性和民族文化基因的组成部分，对这些优秀传统文化的具体表现形式，我们同样要予以很好地继承和弘扬。

近几年来，党中央和国务院的文件多次提出继承和弘扬中华民族优秀传统文化的重要任务，现在通过法律的形式加以明确规定，使之成为必须在全社会广泛施行的制度，这对中华文化进一步走向兴盛繁荣和中华民族的伟大复兴，都具有非常重要的意义。

二、制定非物质文化遗产法，是为了促进社会主义精神文明建设。

社会主义精神文明建设与社会主义物质文明、制度文明、生态文明建设是一个有机的整体，前者为后三者提供方向指引和精神动力，后三者是前者的基础和条件，也是前者的必然体现。社会主义精神文明建设不是无源之水无本之木，而要从源远流长的文化遗产中汲取营养，在继承传统的基础上进行创新。我国各民族大量丰富的非物质文化遗产，就是我们今天进行社会主义精神文明建设的宝贵资源。所以，制定非物质文化遗产法，与促进社会主义精神文明建设密切相关。

建设社会主义精神文明，要处理好先进性与广泛性、多样性与统一性、引导性与自主性的关系。社会主义核心价值体系是社会主义精神文明建设的主旋律，它本身就包含着我国优秀传统文化的丰富内涵。在此引导之下，在人民大众之中广泛开展各种非物质文化遗产的宣传活动，有益于全体人民的身心健康、和谐快乐和幸福安定。比如春节、清明、端午、中秋等传统节日蕴含着全民族共有的文化因素，每一个人都找到了认同感，同时，作为社会成员个体的精神需求也可以得到很大的满足，因为他们在共同的节日里既有趋同的一面，也有个性化的一面，每一家甚至每一个人都有自己特殊的过节方式。国家规定这些节日为公休假日之后，一方面进一步增强了节日的文化意义，另一方面也使节日休闲活动更加多样化。

总之，社会主义精神文明建设的出发点和最终目标是人的全面发展，在这一方面，非物质文化遗产具有非常重要的文化功能。我们今天的精神文明建设要充分体现以人为本的精神，要严格按照科学发展观办事。所以，制定非物质文化遗产法不仅完全必要，而且正当其时。

三、制定非物质文化遗产法，是为了加强非物质文化遗产保护、保存工作。

加强非物质文化遗产保护、保存工作，是制定非物质文化遗产法最直接最具体的目的。有了这部法，非物质文化遗产保护、保存工作就步入了法制化的轨道，可以说是有法可依了。

2004年8月28日，第十届全国人民代表大会常务委员会第十一次会议批准加入联合国教科文组织《保护非物质文化遗产公约》。2005年3月26日，国务院办公厅颁布了《关于加强我国非物质文化遗产保护工作的意见》。同年12月22日，国务院颁布了《关于加强文化遗产保护的通知》。在国家法律和国务院文件出台之前，云南、贵州、福建等地先行先试，先后出台相关的地方性法规。各级政府主管部门在全国广泛开展非物质文化遗产的摸底普查、建档保存、建立名录、确定传承人等保护、保存工作。与此同时，在全国人大和国务院有关部门的组织下，非物质文化遗产法的起草、调研工作也在紧张有序地进行。经过各方面反复研究论证，最后提交全国人大常委会审议的草案比较成熟，三审即获通过。

整部法律对非物质文化遗产保护、保存工作的各个环节做出了全面规定，法律责任明确、具体，有可操作性，并且与其他法律法规进行了较好的衔接。今后，我们要让这部法律在施行中显示其强大的生命力。

第二条　本法所称非物质文化遗产，是指各族人民世代相传并视为其文化遗产组成部分的各种传统文化表现形式，以及与传统文化表现形式相关的实物和场所。包括：

（一）传统口头文学以及作为其载体的语言；

（二）传统美术、书法、音乐、舞蹈、戏剧、曲艺和杂技；

（三）传统技艺、医药和历法；

（四）传统礼仪、节庆等民俗；

（五）传统体育和游艺；

（六）其他非物质文化遗产。

属于非物质文化遗产组成部分的实物和场所，凡属文物的，适用《中华人民共和国文物保护法》的有关规定。

【释义】本条是关于非物质文化遗产的定义和范围，以及本法与文物保护法在法律适用方面的关系的规定。

一、定义。

非物质文化遗产是指各族人民世代相传，并视为其文化遗产组成部分的各种传统文化表现形式，以及与传统文化表现形式相关的实物和场所。这一定义来源于《保护非物质文化遗产公约》的规定。该公约将非物质文化遗产界定为："指被各社区、群体，有时是个人，视为其文化遗产组成部分的各种社会实践、观念表述、表现形式、知识、技能以及相关的工具、实物、手工艺品和文化场所。这种非物质文化遗产世代相传，在各社区和群体适应周围环境以及与自然和历史的互动中，被不断地再创造，为这些社区和群体提供认同感和持续感，从而增强对文化多样性和人类创造力的尊重。在本公约中，只考虑符合现有的国际人权文件，各社区、群体和个人之间相互尊重的需要和顺应可持续发展的非物质文化遗产。"本法关于非物质文化遗产的定义规定，体现了《保护非物质文化遗产公约》上述规定所体现的基本原则，强调了非物质文化遗产本身所具有的三个特点：

一是非物质文化遗产是世代相传下来的。非物质文化遗产是在一个地域、一个族群内通过口传心授，或者不断反复等方式世代相传，持续下来的，具有活态传承的特点。例如，阿诗玛作为一个民间传说，是在云南一带的彝族这个族群内，通过世代口传心授而传承下来的。又如，中秋节是我国的传统节日，具有几千年的历史，世代相传至今，成为中华民族的一项重要文化遗产。

二是非物质文化遗产与人民群众的生产生活密不可分。非物质文化遗产是人民群众在生产生活中创造的，其本身就是人们生产生活的一部分。例如，酿酒、制伞、编织、饮食的制作技艺和服装服饰等非物质文化遗产都是来源于人们的日常生活；婚丧嫁娶、传统节庆等民俗活动，本身就是人民群众日常生活中形成的各种风俗习惯。所以，非物质文化遗产与人民群众的生产生活密不可分。

三是非物质文化遗产由文化表现形式及相关的实物和场所组成。文化总是以各种形式表现出来，我国的传统文化具有非常丰富的表现形式，如传统美术、书法、音乐、舞蹈、戏剧、曲艺和杂技等都是人们喜闻乐见的艺术表现形式。非物质文化遗产作为一种表现形式，其本身是非物质的，但又离不开物质的载体，所以实物和场所也是非物质文化遗产的组成部分。如京剧是非物质文化遗产，其演出时需要服装、道具，伴奏的乐器等是实物，演出的舞台是场所。因此，各种文化表现形式，以及作为其组成部分的实物、场所共同构成了非物质文化遗产。

二、范围。根据本条的规定，非物质文化遗产包括如下的范围：

（一）传统口头文学以及作为其载体的语言。

传统口头文学包括一个民族世代传承的史诗、歌谣、说唱文学、神话、传说、民间故事等口头文化。我国历史悠久、民族众多，各民族的传统口头文学丰富多彩、底蕴深厚，如孟姜女传说、白蛇传传说、刘三姐传说等等,都在人民群众中有很大的影响力,可以说是家喻户晓。传统口头文学是以说唱的语言作为其载体的,如《格萨尔》是以藏语进行说唱的,所以藏语是其表达的载体,根据本项的规定,《格萨尔》和作为其载体的藏语都是非物质文化遗产。这里应当指出的是,单纯的一种民族语言不是非物质文化遗产,只有当其成为口头文学的语言载体时,才能与该口头文学共同构成非物质文化遗产。

(二)传统美术、书法、音乐、舞蹈、戏剧、曲艺和杂技。

1. 传统美术,包括雕塑、剪纸、雕刻、木版年画、刺绣、泥塑、面塑、糖塑等多种传统艺术形式。

2. 传统书法,包括汉字书法和一些少数民族的文字书法,如藏文书法等。目前,汉字书法和藏文书法均已列入国家级非物质文化遗产名录。

3. 传统音乐,包括民间音乐、文人音乐、宗教音乐和宫廷音乐。其中,民间音乐包括山歌、小调、劳动歌曲等民歌和弦索乐、丝竹乐、吹管乐、鼓吹乐、吹打乐等民间器乐,以及民间歌舞乐、戏曲音乐和说唱音乐等。文人音乐包括古琴音乐、诗词吟诵调、文人自度曲。宗教音乐包括佛教音乐、道教音乐等其他宗教音乐。宫廷音乐包括祭祀乐、朝会乐、导迎及巡幸乐、宴乐等。目前列入国家级非物质文化遗产名录的传统音乐项目有139项。

4. 传统舞蹈,多使用于各种仪式性场合,大到国家的祭祀、朝会、出战、庆功、王室更替,小到百姓婚丧嫁娶、播种收割等等均有适用于该仪式的舞蹈。我国的传统舞蹈一般具有较强的仪式性特点,一般在特定的时间和场合进行表演,体现了某种特定的信仰和情感。像土家族每年农历正月要祭祀始祖"八部大王"跳摆手舞、毛古斯舞,藏族每年藏历2月29日的"跳神节"要跳"羌姆",青海黄南同仁地区藏族每年的"六月会"祭祀山神、二郎神、跳龙鼓舞等,均具有较强的仪式性特征。目前列入国家级非物质文化遗产名录的传统舞蹈项目有96项。

5. 传统戏剧,是一种综合舞台艺术样式,是以歌舞演故事的一种艺术形式,其将众多艺术形式按照展现美的标准聚合在一起。这些形式主要包括:诗、乐、舞。诗指其文学,乐指其音乐伴奏,舞指其表演。此外还包括舞台美术、服装、化妆等方面。据资料记载,中国的传统戏曲有300多种,如今还在传承的大约有260多种,如京剧、曲剧、昆曲、沪剧、评剧、黄梅戏、越剧等等。目前列入国家级非物质文化遗产名录的传统戏剧项目有138项。

6. 曲艺,属于说唱艺术,是以民间讲唱文学为基础的,将讲唱文学、音乐、表演三者相综合的中国传统艺术,包括评书、大鼓、相声、评弹等多种艺术形式。列入国家级非物质文化遗产名录的曲艺项目共计有96项。

7. 传统杂技,古代又称"杂伎"、"杂技乐"。杂技艺术起源于秦朝,称为"角抵戏"。经过几千年的传承、发展,已从简单的技巧表演发展为一种综合表演艺术。列入国家级非物质文化遗产名录的杂技包括戏法、杂技、马戏等10多项。

(三)传统技艺、医药和历法。

1. 传统技艺,主要是指传统手工技艺,是指以手工劳动,使用自然材料进行制作的,具有独特艺术风格的技艺,其能传达文化内涵,富有装饰性、功能性和传统性。目前列入国家级非物质文化遗产名录的传统手工技艺包括陶瓷制作技艺、织造技艺、锻制技艺等共计186项。

2. 传统医药,泛指具有不同文化背景的民族传统用于预防、治疗和保健的天然药物以及应用这些药物防病治病的系统理论或经验知识,包括中医药和民族医药。中医药是以汉文化为背景的传统医药,民族医药是指少数民族的传统医药,包括藏医药、蒙医药、维吾尔医药、傣医药、维吾尔医药、壮医药、瑶医药、彝医药、侗医药、土家族医药、朝鲜族医药、回医药等各民族医药。目前列入国家级非物质文化遗产名录的传统医药项目有17项。

3. 传统历法，包括农历和一些少数民族的历法，如藏族的天文历算等。农历，即夏历，将一年分为二十四个节气，将月亮运动作为一个月，其产生与农业生产有关，是为了服务于农业生产而制定的。目前，农历二十四节气、藏族天文历算均已列入国家级非物质文化遗产名录。

（四）传统礼仪、节庆等民俗。

民俗，即民间风俗，指广大民众所创造、享用和世代传承、相沿成习的生活模式，它是一个社会群体在行为和心理上的集体习惯。民俗一般包括传统礼仪、节庆、民间信俗、民族服饰等。列入国家级非物质文化遗产名录的民俗项目有121项。

（五）传统体育和游艺。

传统体育是指在中华大地上各民族自古流传下来的体育活动，包括：从军事技能中衍生出来的体育项目，如武术、射箭、摔跤、蹴鞠等；健身养生的体育项目，如气功、太极拳等。传统游艺，是指具有娱乐作用的各种民间游戏，如荡秋千、抖空竹等。目前列入国家级非物质文化遗产名录的传统体育和游艺项目有30余项。

（六）其他非物质文化遗产。

这是一项兜底的规定，可以涵盖上述前五项以外的其他非物质文化遗产项目，同时也可以为将来新发现的非物质文化遗产项目在法律规定上留下空间。

三、本法与文物保护法在法律适用方面的关系。

作为非物质文化遗产组成部分的实物和场所，与文物的范围存在着一定交叉。根据文物保护法的规定，具有历史、艺术、科学价值的古文化遗址、古墓葬、古建筑、石窟寺和石刻、壁画；与重大历史事件、革命运动或者著名人物有关的以及具有重要纪念意义、教育意义或者史料价值的近代现代重要史迹、实物、代表性建筑；历史上各时代珍贵的艺术品、工艺美术品；历史上各时代重要的文献资料以及具有历史、艺术、科学价值的手稿和图书资料等；反映历史上各时代、各民族社会制度、社会生产、社会生活的代表性实物均属于受国家保护的文物。属于非物质文化遗产组成部分的实物和场所，凡属文物的适用《中华人民共和国文物保护法》的有关规定。

第三条 国家对非物质文化遗产采取认定、记录、建档等措施予以保存，对体现中华民族优秀传统文化，具有历史、文学、艺术、科学价值的非物质文化遗产采取传承、传播等措施予以保护。

【释义】本条是关于非物质文化遗产保护、保存的规定。

目前，我国正处于社会转型期，非物质文化遗产的生存和发展面临着非常严峻的形势：一些依靠口传心授予以传承的文化遗产不断消失，许多传统技艺面临人亡艺绝的危险，大量具有历史、文学、艺术、科学价值的珍贵实物遭到毁弃，等等。因此，社会各方面都呼吁加强对非物质文化遗产的保护。据统计，目前，有些省、自治区、自治州、自治县就非物质文化遗产已经制定了19部地方性法规或者单行条例，这些地方性法规或者单行条例名称无一例外地都是"保护条例"，着重对非物质文化遗产进行保护。但是，应当看到，我国各民族共同创造的丰富多彩的非物质文化遗产中，既有大量的民族优秀传统文化，也不乏陋习、迷信甚至反人性的、愚昧的腐朽文化形态。用现代文明的观点看，这些愚昧、落后的文化应当归为非物质文化遗产中的"糟粕"，是生产力水平低下、人类认识水平不高造成的。

在面对"糟粕"是否也要保护这个问题上，有关方面有不同意见，归纳起来主要有三种意见。第一种意见认为，"取其精华、去其糟粕"一直是党和政府对待传统文化的基本原则。《保护非物质文化遗产公约》已将非物质文化遗产限定在一个正面的、健康的、剔除了"糟粕"的框架之中，我们不能违背当今文明时代的主体价值观，更不能与现代社会准则相抵触。第二种意见认为，"精华"和"糟粕"是相对的，"糟粕"是以往文化和历史的一部分，如果不了解"糟粕"，也无法深入理解"精华"所在和产生的原因。对一些"糟粕"进行保护，并不是提倡，而是将其作为文化的历史痕迹来记录，为后人提供一份鉴戒和警醒。第三种意见认为，我国的非物质文化遗产种类繁多，应当根据建设社会主义先进文化的要求，通过采取不同的保护措施，使不同性质和价值的非物质文化遗产得到不同程度的保护。比如，对所有非物质文化遗产都可以采取确认、调查、建档等保护措施；而对那些已不合时宜的、甚至有违人性的风俗习惯等，对其保护只能作为档案记录保存下来，供专家研究；对在调查过程中发现的珍贵、濒危的非物质文化遗产，应及时采取措施进行抢救性记录；对优秀非物质文化遗产代表性项目，则应传承、弘扬。

实际上，人类对事物的认识总有一个逐步深化的过程。每个时代的价值判断标准不同，对"精华"和"糟粕"的辨析标准也不同。随着时间的推移，特别是随着人类社会的不断进步和发展，对"精华"和"糟粕"的认识也许会发生转变。此外，传统文化中还存在着大量"精华"与"糟粕"共存共生的文化，难以用简单的"二元论"进行区分。因此，对什么是"精华"、什么是"糟粕"必须用辩证唯物主义的观点去看待，要非常慎重，不能轻易下结论。既不能"眉毛胡子一把抓"，也不能"脏水婴儿一起泼"。因此，上述第三种关于分类管理、区别对待的意见被大多数人所认可。

《保护非物质文化遗产公约》第二条将"保护"（Safeguarding）定义为："采取措施，确保非物质文化遗产的生命力，包括这种遗产各个方面的确认、立档、研究、保护、保存、宣传、弘扬、承传（主要通过正规和非正规教育）和振兴。"该公约关于"保护"的定义是一种广义的保护，其目的是通过采取各种措施，使保护对象免受伤害或者损害、毁坏。考虑到我国几千年形成的非物质文化遗产中，既有体现中华民族优秀传统文化，具有历史、文学、艺术、科学价值的非物质文化遗产，也有与现代文明明显相悖、具有迷信、野蛮、歧视成分的习俗，为了尊重历史，履行《保护非物质文化遗产公约》规定的义务，本法将公约的"保护"具体化为保护和保存两个概念。本法所称的"保护"具有积极意义，其目的不仅要防止被保护的对象受到伤害或者损害、毁坏，而且通过传承、传播等主动措施，使保护对象发扬光大；而本法所称的"保存"，是指将保存对象尽可能客观地、全面地记录下来，以便完整地呈现给后人，供人们了解、研究，防止损毁、丢失、灭绝。本条要求对所有非物质文化遗产予以保存，而对体现中华民族优秀传统文化，具有历史、文学、艺术、科学价值的非物质文化遗产，予以保护。

一、对非物质文化遗产予以保存的措施。依照本条规定，保存的措施主要有认定、记录和建档。

（一）关于认定。

对非物质文化遗产的认定，是保护、保存工作的起点。非物质文化遗产的特点决定了大多数非物质文化遗产与各族人民的生产生活密切相关，它们大多留传在民间、散落在各地，特别是边远地区。这就需要负责非物质文化遗产保护、保存工作的文化主管部门进行调查，对调查的结果组织专家依法进行认定。只有认定为非物质文化遗产的，才能纳入保存的范围。如果不进行认定，没有统一的认定标准，而是统而论之，就可能出现"眉毛胡子一把抓"的现象，使得保护、保存的非物质文化遗产过多、过滥，反而影响对非物质文化遗产的保护、保存。

（二）关于记录。

一旦经法定程序认定为非物质文化遗产，有关方面就应当进行登记、记录。之所以要求记录，是由非物质文化遗产的"活态"性所决定的。只有进行记录，才能使非物质文化遗产物质形态化，便于建立完整档案，便于保存，便于日后的研究甚至传承、传播。这里的记录既包括登记造册的文字记录，也包括通过摄影、摄像、录音等手段的影视记录。对于一些传统口头文学以及作为其载体的语言，就需要进行文字记录；而对一些传统技艺、传统礼仪、节庆等民俗、传统体育和游艺等，除了文字记录外，还需要进行影视记录。考虑到有些非物质文化遗产包括场所，可能还需要对场所进行保护，设立相应的保护标志，避免被人为破坏等。

（三）关于建档。

建档是指建立档案。档案作为各种文字、图表、声像等不同形式不同载体的历史记录，对人们研究、传承、传播非物质文化遗产具有十分重要的作用。只有对认定为非物质文化遗产的项目建立档案，才有利于保护、保存。对非物质文化遗产建立档案，需要按照档案法的要求，收集、整理属于非物质文化遗产组成部分的代表性实物、图片、资料等档案材料，对其妥善保护、保存、管理和利用，防止损毁、流失。

二、对非物质文化遗产予以保护的条件。

依照本条规定，对保存的非物质文化遗产中，只有体现中华民族优秀传统文化，具有历史、文学、艺术、科学价值的非物质文化遗产，才进行保护。

（一）关于体现中华民族优秀传统文化的非物质文化遗产。

中华民族是一个有着 56 个民族的大家庭，各民族的共同创造，成就了我国丰富多彩的中华文化。一种非物质文化遗产是否属于民族优秀传统文化,是基于人们的价值判断,这种价值判断不可避免地受到现代文明观的影响。目前,衡量是否属于中华民族优秀传统文化的非物质文化遗产并没有一个定量的标准,只能从定性的方面寻找答案。《保护非物质文化遗产公约》规定:"在本公约中,只考虑符合现有国际人权文件,各群体、团体和个人之间相互尊重的需要和顺应可持续发展的非物质文化遗产。"换言之,符合人权标准、相互尊重和顺应社会发展,应当是衡量非物质文化遗产是否受到该公约保护的基本要求,而民族的优秀传统文化似乎应当高于这个标准。我国各族人民创造的丰富多彩的非物质文化遗产中,许多体现着中华民族的生命力和创造力,它们是民族文化的精华,是民族智慧的象征,是民族精神的结晶。保护这些文化,有利于增强中华民族的文化认同感、增强民族自信心和凝聚力,有利于维护国家统一和民族团结,有利于促进社会和谐和可持续发展,促进社会主义精神文明建设。因此,具有上述特征的非物质文化遗产应当属于中华民族优秀传统文化,必须予以传承、传播。

(二)关于具有历史、文学、艺术、科学价值的非物质文化遗产。

本法在定义非物质文化遗产概念时采用了概括加列举的方式,所列举的内容包括传统口头文学以及作为其载体的语言,传统美术、书法、音乐、舞蹈、戏剧、曲艺和杂技,传统技艺、医药和历法,传统礼仪、节庆等民俗,传统体育和游艺等。可见,非物质文化遗产与历史、文学、艺术、科学密切相关。从历史、文学、艺术、科学的角度看,如果非物质文化遗产具有研究价值、实用价值、观赏价值、传承价值、传播价值等,并且能够体现中华民族优秀传统文化,就应当予以保护。换言之,对非物质文化遗产进行保护的前提是其必须体现中华民族优秀传统文化,仅具有历史、文学、艺术、科学价值,并不是必须保护的唯一条件。

三、对非物质文化遗产予以保护的措施。依照本条规定，保护的措施主要有传承、传播。

（一）关于传承。

传承具有相传、承继、延续等含义。本法规定的传承，是要求把一种非物质文化遗产继承下来、传播下去，主要针对体现中华民族优秀传统文化，具有历史、文学、艺术、科学价值、口传心授的非物质文化遗产，避免出现人亡艺绝的现象。传承的形式大体有两种：一种是自然性传承，另一种是社会资助性传承。前者主要是指在无社会干预性力量的前提下，完全依赖个体行为的某种自然性的传承延续，许多非物质文化遗产基本上是靠这种方式延续至今的，如民族民间的口头文学、手工技艺、民俗等。后者主要是指在社会某些力量支持下的传承，这包括行政部门、社会团体的各种支持行为。比如，通过采取法律、技术、行政、财政等措施，建立对传承活动的保障制度，通过教育等途径将传承活动纳入其中等等。由于传承对保护非物质文化遗产非常重要，本法第四章专门建立了传承人制度，这里不再赘述。

（二）关于传播。

传播具有公开宣传、广而告之、发扬光大的含义。本法规定的传播对象应当是体现中华民族优秀传统文化，具有历史、文学、艺术、科学价值的非物质文化遗产。随着现代科学技术的快速发展，传播的手段越来越多，除了传统的报刊、杂志、广播、电视以及展览、展示、课堂教学外，各种信息网络、移动电子媒介等现代传播方式，已经成为传播非物质文化遗产的重要途径。

第四条 保护非物质文化遗产，应当注重其真实性、整体性和传承性，有利于增强中华民族的文化认同，有利于维护国家统一和民族团结，有利于促进社会和谐和可持续发展。

【释义】本条是对保护非物质文化遗产应当遵循的基本原则

的规定，包括两个方面的内容：

（一）保护非物质文化遗产，应当注重其真实性、整体性和传承性，这是根据非物质文化遗产的本质特点和属性对保护工作所确立的一个基本原则。也就是说，把握非物质文化遗产的"真实性、整体性和传承性"，既是对非物质文化遗产的三个基本特性的认识，也是我们做好非物质文化遗产保护工作的一个重要前提。

真实性原则是非物质文化遗产保护中的一个首要原则。所谓"真实性"，就是指非物质文化遗产的"原真性"。"原真性"译自英文 Authenticity，意即"确实性、真实性或纯正性"。自上世纪 60 年代起，联合国教科文组织把"真实、完整地传承下去"这一原真性原则作为世界文化遗产保护的一项基本原则，这也是判断所有文化遗产价值和相关信息可信性的一个重要标准。现存于我们社会中的各类非物质文化遗产表现形式主要是源自农耕文明的产物，表现为传统表演艺术、手工技艺、传统知识、礼仪和习俗等，体现了一个国家、民族独特的创造力、审美个性和文化精神，是民族文化构成的基因和要素，也是民族文化发展的根基和源泉。作为特定文化基因和民族记忆，非物质文化遗产具有鲜明的独特性、唯一性。真实、准确、客观地记录和反映非物质文化遗产的形态、内涵和其他信息，是一切保护、保存工作，包括调查、记录、建档、传承、传播的重要前提和基础。目前一些地方在开发利用的口号下，为了实现经济效益，不惜破坏文化遗产的原真性或原始形态，毁坏文化遗产的原生态环境和历史风貌；甚至以各种名目任意改变非物质文化遗产的原真形态，把古老的民间艺术形式改头换面，或胡编乱造，甚至把一些伪民俗公开宣传为"活化石"，假冒传统文化招徕游客，使之演变为纯粹的商业行为，丧失了非物质文化遗产的真实意义，这是需要予以纠正的。

整体性原则是非物质文化遗产保护中的另一个重要原则。所谓"整体性",一是指非物质文化遗产项目本身重要构造与特征的完整性,这是非物质文化遗产固有的基本特性之一。例如列入联合国教科文组织"人类非物质文化遗产代表作名录"的我国古琴艺术,包括了古琴乐器、古琴的制作工艺、演奏技艺、传统记谱方式和演奏仪式等多种内容,它们是一个整体,共同构成"古琴艺术"这一中华民族传统文化表现形式。又如年画是由描图、刻板、印制、上色等多种技能或技艺共同构成的,传统戏剧也是由演员表演、剧本、音乐、唱腔、演奏、服饰、舞台布景等共同构成的。对它们的保护、保存,一定要做到全面完整,注重其整体性。二是指非物质文化遗产项目与周边自然、文化环境的完整性,这是由非物质文化遗产的生存发展特性所决定的。这一原则要求注重文化遗产与周围环境的依存关系,强调非物质文化遗产应原状保存和保护在其所属的社区及自然与人文环境之中,强调必须将其所生存的特定环境一起加以完整保护。20世纪70年代,欧洲出现了"生态博物馆"的保护形式,联合国教科文组织也提出了"文化空间"的概念,我国也开展了文化生态保护区建设工作,现已设立闽南文化生态保护实验区、徽州文化生态保护实验区、羌族文化生态保护实验区等11个国家级文化生态保护实验区,这些都是整体性保护原则的具体实践。

传承性是非物质文化遗产保护中一个独有的重要原则。所谓"传承性",就是指非物质文化遗产是"世代相传"延续至今的。这是非物质文化遗产的本质特征和关键所在。非物质文化遗产是一种活态文化,虽然也有物质性,但主要是依靠特定民族、群体、个人的行为活动,包括艺术表演活动、民俗活动、工艺美术活动甚至生产生活等活动所表现出来的。这些文化表现形式是一种动态的形式,是在行为过程中通过人的活生生的现实行为所创造和表现出来的。因此,它的存在必须依靠某个群体、民众的实际参与，在不断的传承过程中才能保持下去。一旦停止了传承，它也就面临中断或消亡。这种传承方式是这些民间艺术、传统工艺、技能技巧、民俗活动得以代代相传、活态延续的重要途径。例如史诗《格萨尔》是世界上最长的英雄史诗，是一部反映古代藏族历史社会发展的百科全书，就是依靠民间传唱得以流传下来并被记录和整理的，至今它仍然被传唱。

"传承"的内涵有两方面，一是通过传习而掌握传统文化表现形式，二是在传习的基础上通过创新发明而将传统文化表现形式发扬光大。"传承"的实现方式大体有两种：自然性传承和社会性传承。前者是指在无社会干预力量的前提下，完全依赖个体行为的某种自然性的传承延续。最典型的就是个体之间的"口传身授"，如传统口头文学、手工技艺、民俗等等。但这种方式往往因为社会、经济、文化以及个体的变迁而受到极大的制约。后者是指在社会某些力量干预下的传承，这包括行政部门、立法机构、社会团体的各种行为干预和支持。社会性传承有三个方面：其一，通过社会干预力量支持或保障自然传承活动的实现，包括采取法律、技术、行政、财政等措施，建立传承人保障制度，提供相应的生活待遇和社会待遇，为其带徒授业、展示技能、产品开发等创造条件，促进非物质文化遗产的传承；其二，有效保护、维护传承活动所赖以生存的特定文化生态环境和社区环境，将文化生态环境、社区文化环境的保护作为政府经济文化社会建设的一个重要内容，将其纳入国民经济发展和城乡建设发展规划中，并付诸实施，使自然传承活动具有可持续发展的条件和土壤；其三，通过教育途径将传承活动纳入其中，使其成为公众特别是青少年教育活动、社会知识文化发展链条中的一个重要环节。

（二）有利于增强中华民族的文化认同，有利于维护国家统一和民族团结，有利于促进社会和谐和可持续发展，这是非物质文化遗产保护、保存工作的又一个重要原则。

由于非物质文化遗产是特定民族、群体的"活态"文化，且内容繁杂宽泛，不可避免地存在良莠交错现象，涉及到封建迷信、民族宗教等一些复杂问题。因此，继承发展中华民族优秀的文化传统，促进中华民族文化认同，促进国家统一、民族团结和社会进步，应当成为我们开展保护、保存工作的一个重要指导原则。具体而言，这个原则包括三个方面内容：

一是强调开展非物质文化遗产保护工作要有利于增强中华民族的文化认同。中华民族有着超过五千年的文明史，历史悠久，灿烂辉煌，至今绵绵不绝，一个重要原因就是中华民族具有强大的民族凝聚力。这个凝聚力就是中华民族全体成员对中华民族共同的、持久的文化认同，从而使整个中华民族在漫长的历史过程中始终结合为一个统一、协调的整体。中华民族的固有特质是多元一体，所谓"多元"是指包括汉民族在内的 56 个民族都是中华民族的组成部分；所谓"一体"是指这些民族共同构成一个不可分割的整体。在这个一体与多元的关系里面，一体是本质，多元是形式。这些民族有着各自的文化特征和差异，但他们在长期的历史交流和融合中，形成了有着共同价值取向、思维方式和行为规范的中华文明，这是中华民族文化认同的基本要义，也是我们建设中华民族共有精神家园，增强民族凝聚力和创造力的根基。虽然 56 个民族都有各自丰富多彩的文化形态和文化遗产，但它们都是中华文明的不可分割的组成部分。因此，开展非物质文化遗产保护工作，必须要以增强中华民族的文化认同，提高对中华文化整体性和历史连续性的认识为基本出发点。

二是强调开展非物质文化遗产保护工作要有利于维护国家统一和民族团结。维护国家统一和民族团结，是中华民族的最高利益，也是各民族的共同愿望。民族的团结是国家统一的基础，是经济发展和社会进步的保证，是实现各民族共同繁荣的前提条件和各民族的共同愿望，也是衡量一个国家综合国力的重要标志之一。我国宪法明确规定:"中华人民共和国各民族一律平等。国家保障各少数民族的合法的权利和利益,维护和发展各民族的平等、团结、互助关系。禁止对任何民族的歧视和压迫,禁止破坏民族团结和制造民族分裂的行为。"同时还规定:"中华人民共和国公民有维护国家统一和全国各民族团结的义务。"因此,维护国家统一和民族团结,既是每个公民的基本义务,也是实现公民权利的重要保证,更是我国顺利进行中国特色社会主义建设的根本保证。我们的一切工作包括各民族的非物质文化遗产保护、保存工作,都应当以此为根本目的。

三是强调开展非物质文化遗产保护工作要有利于促进社会和谐和可持续发展。党的十七大报告指出:"建设和谐文化,培育文明风尚。和谐文化是全体人民团结进步的重要精神支撑。""和谐社会要靠全社会共同建设。我们要紧紧依靠人民,调动一切积极因素,努力形成社会和谐人人有责、和谐社会人人共享的生动局面。"几千年来,中华文明之所以生生不息,一个重要的精神和思想就是主张"天人合一"、"和而不同",强调人与自然、人与人、人与社会之间的和谐共处,强调国家、民族、群体之间的和谐共处。以人为本、和谐共存是中华文明人文精神的一个重要核心价值,也是我们保护那些体现中华民族优秀文化传统,具有历史、文学、艺术、科学价值的非物质文化遗产的本质所在。

"可持续发展"(Sustainable development)这一概念最早于1972年联合国人类环境会议所提出,意指既满足当代人的需求,又不对后代人满足其需求的能力构成危害的发展。最早主要指自然环境、生态、资源与开发利用之间的平衡协调发展,其后广泛运用于自然、环境、社会、经济、科技、政治等诸多方面。因此,可持续发展是一种建立在社会、经济、文化、人口、资源、环境相互协调和共同发展的基础上的科学发展。这既是科学发展观的基本内涵,也是中国特色社会主义建设中的一个重要内容。

要实现经济社会的可持续发展，一个必不可少的重要内容就是要保持文化的多样性和非物质文化遗产的可持续性。这也是联合国教科文组织《保护非物质文化遗产公约》中的一个重要内容。保持非物质文化遗产的可持续性包括两方面，一是采取各种措施使非物质文化遗产得以认定、记录、建档、传承和传播，使其真实并完整地保留下来；二是在有效保护的前提下，通过合理的创新、开发与利用，使其与现代生活相结合，在现今以至未来社会中得以不断延续和发展。

第五条　使用非物质文化遗产，应当尊重其形式和内涵。

禁止以歪曲、贬损等方式使用非物质文化遗产。

【释义】本条对使用非物质文化遗产的行为做出了限制性规定。

"使用"是对非物质文化遗产的"活态"保护，是传承非物质文化遗产的重要形式。但要注意的是，使用非物质文化遗产的行为通常会涉及它所蕴含的文化理念和价值观念，对民族、群体和个人的精神和情感产生影响。如果使用非物质文化遗产的方式不当，在社会上极易引发冲突和矛盾。因此，法律中有必要对使用非物质文化遗产的行为进行限定，以妥善协调非物质文化遗产的使用与保护的关系。

具体来讲，本条共两款，以下分别进行阐述。

一、使用非物质文化遗产，应当尊重其形式和内涵。

我国非物质文化遗产作为中华民族世代相传的文化财富，体现了中华民族特有的文化基因，承载着中华民族的情感和精神。正如国务院办公厅《关于加强我国非物质文化遗产保护工作的意见》中所指出的那样，"我国各族人民在长期生产生活实践中创造的丰富多彩的非物质文化遗产……所蕴含的中华民族特有的精神价值、思维方式、想象力和文化意识，是维护我国文化身份和文化主权的基本依据。"正因为非物质文化遗产蕴含着文化理念和价值观念等意识形态因素,许多使用非物质文化遗产的行为不可避免地会触及民族、群体和个人的情感和精神,产生社会影响。使用我国非物质文化遗产时尊重其形式和内涵,就是在尊重中华文明,尊重它所代表的传统文化,也是在尊重非物质文化遗产的保有群体和传承人,而这种尊重正是我们保存好、保护好、利用好、发展好非物质文化遗产的思想基础,也是弘扬中华文化、建设中华民族共有精神家园的前提。尊重非物质文化遗产既体现在尊重其外在表现形式,同时也体现在尊重其所蕴含的习惯、信仰和情感等内涵方面。因此,有必要在法律中对使用非物质文化遗产的行为做出应当尊重其形式和内涵的规定。

进一步来讲,这一规定也是加强我国非物质文化遗产保护工作的现实需要。近年来,我国非物质文化遗产保护工作中出现了"过度商业化"的倾向,一些地方为追求经济利益,对非物质文化遗产项目进行了破坏性的商业包装,完全改变了非物质文化遗产的形式和内涵,使其失去了原本所蕴含的文化理念,使一些传统文化"变了味"、"走了样"。例如,有些地方为招徕游客,不分时间、不分地点、不分场合地表演所谓的"民俗风情",而有些民俗风情并不适合进行频繁的商业性表演,这种表演对于某些特定风俗的庄严感、神圣感和保有群体的情感来讲,极易造成伤害和冒犯。对于这一问题,有必要通过法律来加以解决,以确保我国非物质文化遗产在传承中的"真实性",保障非物质文化遗产所承载的中华文化得到尊重。

这一规定也是我国履行《保护非物质文化遗产公约》所规定义务的具体体现。《保护非物质文化遗产公约》的宗旨之一是"尊重有关群体、团体和个人的非物质文化遗产"。我国作为《保护非物质文化遗产公约》的成员国,在非物质文化遗产法中明确规定"使用非物质文化遗产,应当尊重其形式和内涵",是对公约这一宗旨的进一步阐述和细化,使公约的精神在我国法律中得到具体体现,这在一定程度上反映了我国在保护人类文化遗产方面践行对国际社会庄严承诺的信心和决心。

二、禁止以歪曲、贬损等方式使用非物质文化遗产。

以歪曲、贬损等方式使用非物质文化遗产在许多情况下是使用者不尊重非物质文化遗产形式和内涵的具体体现。因此说,这一款是对前一款的进一步规定。

非物质文化遗产与群众生活密切相关。以歪曲、贬损等方式使用非物质文化遗产,会影响社会生产生活的许多方面。本文仅从以下三个方面阐述以歪曲、贬损等方式使用非物质文化遗产的危害以及法律对这种行为加以禁止的必要性。

首先,歪曲、贬损非物质文化遗产会妨碍中华文化传承,影响中华民族共有精神家园建设。中华民族正处于驶向伟大复兴的历史航程中,中华民族的伟大复兴必然伴随着中华文化繁荣兴盛。一个民族文化的繁荣发展,是在其文化传统基础上的继承与发展,其前提是保证本民族文化的真实性并在思想上加以尊重。歪曲非物质文化遗产的行为在实践中会造成传统文化及其表现形式的"失真",在文化认识上对人民群众产生误导,使其对传统文化的形式和内涵失去正确的理解和认知。贬损非物质文化遗产则反映了对传统文化的蔑视,基于这种思想使用非物质文化遗产的行为必然会妨碍中华文化的传承和发展,损害中华民族的文化认同,甚至会割裂连接民族情感的纽带,动摇维系国家统一的基础。如果对歪曲、贬损非物质文化遗产的行为听之任之,那么,随着时间的推移,我们的子孙后代就会日渐远离中华民族的文化传统,在人类文明的进程中逐渐割裂中华文明的血脉,中华民族就极有可能迷失自我,丧失文化根本。因此,从弘扬中华文化、建设中华民族共有精神家园的角度出发,对歪曲、贬损非物质文化遗产的行为必须加以禁止。

其次,歪曲、贬损非物质文化遗产会破坏社会的文化价值观，影响社会主义精神文明建设。文化是社会的灵魂，其核心是价值观，文化的社会作用，最主要的是价值观的作用。非物质文化遗产蕴含着一个国家和民族的文化理念和价值观念，是这个国家和民族文化价值观的具体体现，指导着人民群众的社会实践。对非物质文化遗产的歪曲、贬损，会使人民群众对中华民族传统文化理念错误地进行理解，导致人们、尤其是青少年价值观念的混乱，直接影响社会主义核心价值体系的建设。近年来，我国一些地方出现了以歪曲、贬损等不当方式使用非物质文化遗产的事例，造成了不良的社会影响。例如，我国在2008年将端午节确定为法定节日，当年某地就出现了有人将"屈原投江"恶搞成"屈原蹦极"的事件，并将视频在互联网上传播。屈原是伟大的爱国主义诗人，端午节这一民俗有着弘扬爱国主义的内涵。"屈原蹦极"事件是对"屈原投江"壮举的戏弄和调侃，反映了一些人对爱国主义和民族精神的漠视。正如有媒体评价的那样，"从以前恶搞红色经典至恶搞屈原，折射了一些人精神家园的荒芜……会对判断力、鉴别力不强的青少年产生严重误导，并有可能引起更多人的价值观混乱，进而危及整个社会的价值判断……其危害性是巨大的，对我们整个民族的精神大堤都会产生侵蚀作用。"为确保中华民族的文化理念和价值观不被扭曲，不被蔑视和践踏，对歪曲、贬损非物质文化遗产的行为，一定要坚决制止。

此外，歪曲、贬损非物质文化遗产会伤害民族情感和民族团结，影响和谐社会建设。非物质文化遗产中蕴含着民族和国家的文化基因和精神特质，是民族归属感和文化认同感的内在力量，是连接民族情感的纽带和维系国家统一的基础。我国幅员辽阔，人口众多，是多民族聚居的国家。实现社会和谐和民族团结，首先要做到人与人之间、群体之间以及民族之间相互尊重，具体体现在对民俗、语言、信仰、价值观念等方面的尊重。歪曲、贬损非物质文化遗产的行为不仅仅会在使用者与传承人之间造成矛盾,同时也极可能导致群体间、有时甚至是民族间的矛盾,从而危害整个社会的和谐稳定。因此,有必要在法律中明确对歪曲、贬损非物质文化遗产的行为加以禁止。

第六条 县级以上人民政府应当将非物质文化遗产保护、保存工作纳入本级国民经济和社会发展规划,并将保护、保存经费列入本级财政预算。

国家扶持民族地区、边远地区、贫困地区的非物质文化遗产保护、保存工作。

【释义】本条是对非物质文化遗产保护、保存经费来源和保障的专门规定。

一、纳入各级人民政府国民经济和社会发展规划。

为了履行公约规定的义务,加强我国的非物质文化遗产保护、保存工作,2005年国务院《关于加强文化遗产保护的通知》中规定:"地方各级人民政府和有关部门要将文化遗产保护列入重要议事日程,并纳入经济和社会发展计划以及城乡规划。"同年,国务院办公厅《关于加强我国非物质文化遗产保护工作的意见》进一步提出"地方各级政府要加强领导,将保护工作列入重要工作议程,纳入国民经济和社会发展整体规划,纳入文化发展纲要。"

所谓"国民经济和社会发展规划",是指国家中央人民政府和地方各级人民政府对一定时期内国民经济的主要活动、科学技术、教育事业和社会发展所作的规划和安排,是指导经济和社会发展的纲领性文件。一般分为长期规划(十年至二十年)、中期规划(五年)和年度计划。2010年10月18日中国共产党第十七届中央委员会第五次全体会议通过了《中共中央关于制定国民经济和社会发展第十二个五年规划的建议》。该"建议"共分为十二个大的主题,其中第九部分为"推动文化大发展大繁荣,提升国家文化软实力"。该部分开宗明义，将文化定位于是一个民族的精神和灵魂，是国家发展和民族振兴的强大力量。同时提出"立足当代中国实践，传承优秀民族文化"，这其中就有加强对非物质文化遗产保护、保存工作的含义。目前国务院各部门和地方各级人民政府都在制定各部门或各地区的"十二五"发展纲要，在国务院文化主管部门和各地区的发展纲要中都要对非物质文化遗产保护、保存工作做出相应规定。

二、列入本级财政预算。

长期以来，非物质文化遗产保护、保存的经费不足是一个突出问题。近年来，中央和地方政府在非物质文化遗产保护、保存工作中投入了一定的资金，但远不能满足工作的实际需要。经费的严重不足导致许多珍贵的非物质文化遗产实物和资料散落民间，得不到及时有效的收集和整理；一些记录、整理完成的作品不能及时出版；已被搜集、整理的资料缺乏科学的保存手段，面临着再度失去的危险。从事非物质文化遗产保护、保存的工作人员待遇低、缺乏必要的技术设备，极不利于非物质文化遗产保护、保存工作的开展。非物质文化遗产的保护和保存是社会公共事业，需要国家的财政投入，为此，本法明确了政府对非物质文化遗产的经费保障责任。

2005年，国务院发布《关于加强文化遗产保护的通知》，在"积极推进非物质文化遗产保护"一部分中，指出各级人民政府要将文化遗产保护经费纳入本级财政预算，保障重点文化遗产经费投入。从实际情况看，近些年来，各级财政用于非物质文化遗产保护工作的资金逐年攀升。截至2010年，中央财政已累计投入10.24亿元支持非物质文化遗产保护工作。其中，当年中央财政用于非物质文化遗产保护的地方转移支付专项经费为3.2488亿元。与此同时，各地对非物质文化遗产保护的投入力度也不断加大。2005年至2009年的4年多时间里，地方省级财政共投入约 11.3 亿元。西部一些省区也安排了非物质文化遗产保护专项经费。此次立法的一个重要内容就是，把各级政府相关财政经费投入从政策层面上升到法律层面，通过建立法律保障制度，明确了政府在非物质文化遗产经费保障方面的责任。

非物质文化遗产的保护经费短缺，是各地区的一个普遍问题，在经济不发达地区表现尤为突出。我国幅员辽阔，各地区由于地理和历史等原因，经济发展极不平衡，在一些边远贫困和少数民族地区，非物质文化遗产资源非常丰富，而这些地区却往往由于经济发展相对落后，地方政府无力为非物质文化遗产保护、保存提供财政保障，给当地的非物质文化遗产事业带来非常不利的后果。考虑到民族地区、边远地区、贫困地区的非物质文化遗产保护、保存工作的必要性和紧迫性，此次在立法中明确规定了国家扶持条款，确保中央财政通过转移支付等方式对其予以支持。

第七条　国务院文化主管部门负责全国非物质文化遗产的保护、保存工作；县级以上地方人民政府文化主管部门负责本行政区域内非物质文化遗产的保护、保存工作。

县级以上人民政府其他有关部门在各自职责范围内，负责有关非物质文化遗产的保护、保存工作。

【释义】本条第一款是确认国务院文化主管部门的职责和县级以上地方人民政府文化主管部门的职责。第二款是确认县级以上人民政府其他有关部门对非物质文化遗产的保护、保存工作的职责。

我国非物质文化遗产保护、保存工作的主管部门是文化部。2009 年，文化部设立非物质文化遗产司，负责全国非物质文化遗产的保护、保存工作。其主要职责是：拟订非物质文化遗产保护政策，起草有关法规草案；组织拟订国家级非物质文化遗产代表性项目保护规划；组织开展非物质文化遗产保护工作，承办国家级非物质文化遗产代表性项目的申报与评审工作；组织实施优秀民族文化的传承普及工作；承担清史纂修工作。

非物质文化遗产司的内设机构为：办公室、管理处和保护处。

地方人民政府文化主管部门负责本行政区域内非物质文化遗产的保护、保护工作。我国的非物质文化遗产资源丰富多彩，而非物质文化遗产往往与当地的自然风貌、历史传统和生活习俗等背景紧密地联系在一起，各地的非物质文化遗产在数量和特点上差异很大，因此，保护非物质文化遗产光靠国务院文化主管部门的工作是远远不够的，必须明确和强化地方各级人民政府文化主管部门的职责。为此，本条在第一款明确规定了县级以上地方人民政府文化主管部门负责本行政区域内非物质文化遗产的保护、保存工作。

由于非物质文化遗产对象比较广泛，涉及到其他相关职能部门众多，其保护、保存工作仅依靠文化部门的管理和监督是不够的。为此，本法明确规定了县级以上人民政府的其他有关部门也应在各自职责范围内，负责有关非物质文化遗产的保护、保存工作。例如发改委、财政、建设与城乡规划、工业和信息、民族事务、教育、旅游、工商、海关、体育、宗教、文物、档案、中医药管理等部门，都应当在各自的职责范围内配合文化主管部门，齐抓共管，形成合力，才能有效地做好非物质文化遗产的保护和保存工作。

从目前的情况看，全国非物质文化遗产保护、保存工作力量还比较薄弱。从文化系统看，专门从事非物质文化遗产工作的人员编制少，机构尚不健全。自 2009 年以来，有 15 个省、市、自治区文化厅（局）设立了专门的非物质文化遗产处，其余省、市、自治区文化厅（局）由社会文化处负责非物质文化遗产的保护、保存工作，有多个省、市、自治区的文化厅（局）正在筹备设立非物质文化遗产处。而市、县级的文化主管部门机构都尚无专门的非物质文化遗产保护部门和队伍。目前我国文化体制改革正在深入进行，地方县、市政府包括新闻出版、广播电视、文化等管理部门及执法的综合改革也在推行之中，这一问题需要各级政府予以重视并统筹解决。

第八条 县级以上人民政府应当加强对非物质文化遗产保护工作的宣传，提高全社会保护非物质文化遗产的意识。

【释义】本条对宣传非物质文化遗产保护工作做出了规定。

我国非物质文化遗产作为中华民族传统文化的表现形式，是所有中华儿女的共同财富。保护好非物质文化遗产，是全社会的共同责任，需要所有中华儿女的共同努力。宣传非物质文化遗产保护工作，提高全社会的保护意识，是推进非物质文化遗产事业深入开展的重要基础。本条明确了县级以上人民政府宣传非物质文化遗产保护工作、提高全社会保护意识的责任，旨在为非物质文化遗产保护工作的顺利开展营造良好的社会环境。

加强宣传，提高全社会保护非物质文化遗产的意识的必要性和重要意义主要体现在以下几个方面：

首先，随着我国近年来工业化和城市化步伐的不断加快，社会生产生活方式发生着巨大变化，非物质文化遗产在一些地方逐渐失去了生存环境，许多优秀传统文化表现形式正在被遗忘，面临着消亡的危险。造成这种情形的一个重要原因，就在于许多地方保护非物质文化遗产的意识淡漠，没有充分认识到非物质文化遗产保护工作在中国特色社会主义文化建设中的重要地位和作用，也没有认识到这项工作对于人类文明进程的重要意义。从一定程度上讲，当前我国乃至全世界非物质文化遗产保护工作首先要解决的就是认识上的问题，正如《保护非物质文化遗产公约》中所阐明的那样，"必须提高人们，尤其是年轻一代对非物质文化遗产及其保护的重要意义的认识……使非物质文化遗产在社会中得到确认、尊重和弘扬。"只有先解决认识上的问题，使人民群众充分认识到保护非物质文化遗产的重要意义，在全社会营造保护非物质文化遗产的良好氛围，才能使非物质文化遗产保护工作深入开展。因此，加大宣传力度，提高全社会的保护意识，是我国非物质文化遗产保护工作中一个特别需要着力之处。

其次，许多非物质文化遗产与社会生产生活紧密相关，尤其是传统礼仪、节庆等民俗已经是人民群众日常生活的一部分。通过宣传，增强全社会的保护意识，让人民群众自觉在生产生活中使用非物质文化遗产，对非物质文化遗产进行"活态"传承，是对它们最为有力的保护。

此外，有些非物质文化遗产，特别是传统口头文学、传统音乐、舞蹈、戏剧、曲艺、传统技艺、医药等，通常由某些特定的公民、法人或者其他组织所保有。要对这些非物质文化遗产进行保护，必须充分调动保有者的积极性，增强他们的保护意识，使他们自觉地投入到非物质文化遗产保护工作中。《保护非物质文化遗产公约》中特别对保有群体和传承人参与保护非物质文化遗产的事项做出规定："缔约国在开展保护非物质文化遗产活动时，应努力确保创造、保养和承传这种遗产的群体、团体，有时是个人的最大限度的参与，并吸收他们积极地参与有关的管理。"我国在非物质文化遗产法中做出加强宣传、提高社会保护意识的规定也是积极履行国际承诺。

第九条　国家鼓励和支持公民、法人和其他组织参与非物质文化遗产保护工作。

【释义】本条是关于鼓励社会力量参与非物质文化遗产保护工作的规定。

按照本法规定，各级政府及其所属的文化主管部门和其他有关部门虽为非物质文化遗产保护工作的主导力量，但该项工作是一项全社会性的工作，功在当代，利在千秋，所以应当动员全社会的力量参与非物质文化遗产的保护工作。2005年国务院《关于加强文化遗产保护的通知》提出,要充分发挥有关学术机构、大专院校、企事业单位、社会团体等各方面的作用,共同开展文化遗产保护工作。抓紧制定和完善有关社会捐赠和赞助的政策措施,调动社会团体,企业和个人参与文化遗产保护的积极性。同年,国务院办公厅《关于加强我国非物质文化遗产保护工作的意见》也提出,文化行政部门与各相关部门要积极配合,形成合力。同时,广泛吸纳有关学术研究机构、大专院校、企事业单位、社会团体等各方面力量共同开展非物质文化遗产保护工作;还要通过政策引导等措施,鼓励个人、企业和社会团体对非物质文化遗产保护工作进行资助。

根据以上动员全社会的力量参与非物质文化遗产的保护、保存工作的精神,本法第三十六条规定:"国家鼓励和支持公民、法人和其他组织依法设立非物质文化遗产展示场所和传承场所,展示和传承非物质文化遗产代表性项目。"第三十七条第一款规定:"国家鼓励和支持发挥非物质文化遗产资源的特殊优势,在有效保护的基础上,合理利用非物质文化遗产代表性项目开发具有地方、民族特色和市场潜力的文化产品和文化服务。"

国家鼓励和支持社会力量参与非物质文化遗产保护工作的重要举措之一就是鼓励捐赠。为此,2006年文化部颁布的《国家级非物质文化遗产保护与管理暂行办法》第二十三条规定:"各级人民政府文化行政部门应当鼓励和支持企事业单位、社会团体和个人捐赠国家级非物质文化遗产实物资料或者捐赠资金和实物用于国家级非物质文化遗产保护。"公民、法人和其他组织捐赠有关非物质文化遗产的实物资料或者捐赠资金和实物用于国家级非物质文化遗产保护的,属于对公益事业的捐赠。按照我国《公益事业捐赠法》的规定,公司和其他企业依照该法的规定捐赠财产用于公益事业,依照法律、行政法规的规定享受企业所得税方面的优惠。自然人和个体工商户依照该法的规定捐赠财产用于公益事业，依照法律、行政法规的规定享受个人所得税方面的优惠。境外向公益性社会团体和公益性非营利的事业单位捐赠的用于公益事业的物资，依照法律、行政法规的规定减征或者免征进口关税和进口环节的增值税。

第十条　对在非物质文化遗产保护工作中做出显著贡献的组织和个人，依照国家有关规定予以表彰、奖励。

【释义】本条是关于表彰奖励的规定。

表彰、奖励在非物质文化遗产保护工作中做出显著贡献的组织和个人，有利于激发人们保护非物质文化遗产的自觉性和热情，增强荣誉感和使命感，在全社会形成自觉保护非物质文化遗产的良好氛围。

在表彰、奖励具体工作中，应当坚持以下几个原则：一是要坚持依法奖励、实事求是的原则。国家奖励是法定行为，任何法定奖励都必须坚持法定的条件和标准，实事求是地进行。表彰和奖励的目的是为了鼓励组织和个人积极参与非物质文化遗产保护工作，如果脱离法定标准和条件，势必影响奖励目的的实现。二是要坚持奖励与受奖行为相当的原则。表彰和奖励的具体标准和等级，应当按照有关规定，结合被表彰和奖励的组织和个人在非物质文化遗产保护工作中做出贡献的具体情况来掌握和执行，这样才能使奖励的等级与贡献的大小相适应。三是要坚持精神奖励与物质奖励相结合的原则。精神奖励与物质奖励应当并重，不能一头轻一头重。在实施奖励的环节中，精神奖励与物质奖励既可以分别单独实施，也可以同时并用。四是要坚持公正平等原则。在法定的奖励条件下，任何组织和个人都有平等的受奖权，贡献是实施奖励的唯一依据。凡是符合法定奖励条件的，都有平等受奖的权利。

理解本条需要注意以下四个方面：第一，奖励的对象是组织和个人。可以接受表彰和奖励的组织和个人是比较宽泛的,国家机关及其工作人员、社会团体及其工作人员、企事业单位、普通公民,只要符合国家有关规定,都可以成为被表彰和奖励的对象。第二,奖励的条件是在非物质文化遗产保护工作中做出显著贡献。"非物质文化遗产保护"的内容比较宽泛,包括非物质文化遗产的调查、宣传、展示、传承、传播等,如在这些方面做出重要贡献,应予以表彰奖励。第三,奖励的依据主要是法律、行政法规、部门规章、地方性法规、地方政府规章以及有关政府文件。《国家级非物质文化遗产保护与管理暂行办法》第二十四条规定,国务院文化行政部门对在国家级非物质文化遗产保护工作中有突出贡献的单位和个人,给予表彰奖励。《国家级非物质文化遗产项目代表性传承人认定与管理暂行办法》第十五条规定,国务院文化行政部门对做出突出贡献的国家级非物质文化遗产项目代表性传承人,给予表彰和奖励。《江苏省非物质文化遗产保护条例》第八条规定,在非物质文化遗产保护工作中做出显著成绩的单位和个人,由县级以上地方人民政府及其文化行政部门予以表彰和奖励。第四,表彰和奖励的方式主要是精神奖励和物质奖励相结合。表彰主要是精神奖励,包括通报表扬、给予荣誉称号等,奖励一般是给予一定的奖金、经费等。

第二章 非物质文化遗产的调查

【本章提要】非物质文化遗产的调查是非物质文化遗产保护、保存工作的基础,直接影响到非物质文化遗产的认定、是否列入名录和非物质文化遗产的传承、弘扬等工作。只有通过非物质文化遗产调查,才能全面了解和掌握非物质文化遗产资源的种类、数量、分布情况、生存环境、保护现状及存在的问题。本章主要规定了非物质文化遗产调查的主体、程序、要求等。

第十一条 县级以上人民政府根据非物质文化遗产保护、保存工作需要，组织非物质文化遗产调查。非物质文化遗产调查由文化主管部门负责进行。

县级以上人民政府其他有关部门可以对其工作领域内的非物质文化遗产进行调查。

【释义】本条是关于文化主管部门和其他有关部门实施非物质文化遗产调查的规定。

在非物质文化遗产保护、保存的工作实践中存在"普查"与"调查"的区分。一般认为，普查是由文化主管部门和其他有关部门组织的、大规模的调查活动，这种普查摸底工作是非物质文化遗产保护的基础性工作。调查是普查之外其他各种收集事实的方式。立法中考虑到普查也是一种调查的方式，本法统一用了"调查"这一概念，也就是说，调查既包括政府部门组织的调查，也包括社会组织和个人进行的其他方式的调查。本条规定的主要是政府部门组织的调查。

第一款规定了县级以上人民政府组织调查、文化主管部门负责进行。

《保护非物质文化遗产公约》第一条指出，"保护"指确保非物质文化遗产生命力的各种措施，包括这种遗产各个方面的确认、立档、研究、保护、保存、宣传、弘扬、承传（主要通过正规和非正规教育）和振兴。公约第十一条规定，各缔约国应该：(a) 采取必要措施确保其领土上的非物质文化遗产受到保护；(b) 在第二条第三段提及的保护措施内，由各群体、团体和有关非政府组织参与，确认和确定其领土上的各种非物质文化遗产。保护的前提是确认，所以才有公约第十一条的规定，即由各群体、团体和有关非政府组织参与，确认和确定其领土上的各种非物质文化遗产。只有通过非物质文化遗产的调查，才能摸清家底，掌握情况。调查是非物质文化遗产保护、保存工作的基础，直接影响到非物质文化遗产的认定、列入名录和非物质文化遗产的传承、弘扬等工作。

非物质文化遗产具有活态性，因此与文物等物质文化遗产在保存方式上有所不同。为了使非物质文化遗产得到有效保存，应当进行非物质文化遗产调查，以摸清家底，了解非物质文化遗产的种类、数量、分布、留存、传承情况、生存环境等。政府组织非物质文化遗产调查有其优势：一方面，非物质文化遗产是公共资源，任何组织和个人都不能独占，国家有进行非物质文化遗产调查的公信力；另一方面，非物质文化遗产调查是一项工程浩大的工作，需要动用大量人力物力。政府可以动员相关机构、团体和个人的力量，以公共财政为后盾开展非物质文化遗产调查工作。

2005年，国务院《关于加强文化遗产保护的通知》指出，各地区要进一步做好非物质文化遗产的普查、认定和登记工作，全面了解和掌握非物质文化遗产资源的种类、数量、分布情况、生存环境、保护现状及存在的问题。国务院办公厅《关于加强我国非物质文化遗产保护工作的意见》要求："认真开展非物质文化遗产普查工作，要将普查摸底作为非物质文化遗产保护的基础性工作来抓，统一部署、有序进行。要在充分利用已有工作成果和研究成果的基础上，分地区、分类别制定普查工作方案，组织开展对非物质文化遗产的现状调查，全面了解和掌握各地各民族非物质文化遗产资源的种类、数量、分布状况、生存环境、保护现状及存在问题。运用文字、录音、录像、数字化多媒体等各种方式，对非物质文化遗产进行真实、系统和全面的记录，建立档案和数据库。"

根据国务院办公厅《关于加强我国非物质文化遗产保护工作的意见》要求，自2005年至2009年，文化部开展了第一次全国非物质文化遗产普查工作。据不完全统计，参与这次普查的工作人员有50万人次，走访民间艺人115万人次，投入经费8亿元，收集珍贵实物和资料29万件,普查的文字记录量达20亿字,录音记录23万小时,拍摄图片477万张,汇编普查资料14万册,非物质文化遗产资源总量近87万项。

作为我国第一次非物质文化遗产普查,这次普查深入到社区、乡村,广泛宣传了开展非物质文化遗产保护工作的意义,普及了非物质文化遗产保护知识,扩大了社会影响,提高了社会公众的保护意识,也培养、锻炼了非物质文化遗产保护工作队伍。通过全国范围内的非物质文化遗产普查,对各地区的非物质文化遗产进行了系统和科学的记录,摸清了全国非物质文化遗产资源总量和分布情况,以及各门类非物质文化遗产资源的价值、特色及其传承和发展状况,认定和抢救了一批具有历史文化价值、处于濒危状态的非物质文化遗产。

本条第二款规定了县级以上人民政府其他有关部门对非物质文化遗产进行调查。

我国境内的非物质文化遗产种类繁多,除传统口头文学以及属于其组成部分的语言、传统美术、音乐、舞蹈等外,传统医药、传统工艺美术、传统体育等也属于"非物质文化遗产"的范畴。为了有利于对传统医药、传统工艺美术、传统体育等领域的非物质文化遗产进行保护,主管这些工作的县级以上人民政府其他有关部门可以对其工作领域内的非物质文化遗产进行调查。需要注意的是,本款在草案一审稿中的规定是"县级以上人民政府其他部门报经本级人民政府批准,可以对工作领域内的非物质文化遗产进行调查"。审议中有的意见提出,是否报经本级人民政府批准,属于行政机关内部工作程序,本法可不做规定,其他有关部门根据工作需要就可以调查。立法机关吸收了这一意见,删去了"报经本级人民政府批准"的规定。

第十二条 文化主管部门和其他有关部门进行非物质文化遗产调查,应当对非物质文化遗产予以认定、记录、建档,建立健全调查信息共享机制。

文化主管部门和其他有关部门实施非物质文化遗产调查，应当收集属于非物质文化遗产组成部分的代表性实物，整理调查工作中取得的资料，并妥善保存，防止损毁、流失。其他有关部门取得的实物图片、资料复制件，应当汇交给同级文化主管部门。

【释义】本条是关于实施非物质文化遗产调查的方法和要求的规定。

第一款规定了实施非物质文化遗产调查的手段、方式、方法。认定、记录、建档，适用于所有非物质文化遗产。

建立档案是保存非物质文化遗产的重要措施，是指通过搜集、记录、分类、编目等方式，建立完整的档案。为了使调查的记录能够完整、系统地保存，应当建立反映非物质文化遗产基本面貌的档案。这既是调查工作的延续，也是其他保护工作的基础。

在调查过程中，应对现存的非物质文化遗产通过记录、拍照、录音、录像、复制等手段将声音、形象等固定下来，建立分布、流传情况的档案，对相关的重要资料和实物予以征集、购买，对已经消亡的非物质文化遗产的相关实物和资料予以保存。

第二款规定了实施非物质文化遗产调查的要求。

其中，"实物"具体包括与"传统美术、书法、音乐、舞蹈、戏剧和曲艺"相关的工具、用具、服装、行头、乐器、曲谱等，与"传统技艺"相关的工具、产品等，与"传统体育、游艺和杂技"相关的工具、用具、道具等等。"代表性实物"是指能够代表该项非物质文化遗产的创造水平、对非物质文化遗产的保存、研究和传承具有重要意义的那些实物，例如某项非物质文化遗产的代表性传承人利用该项技艺所制作的代表性作品，某项传统戏剧所流传下来的代表性曲谱、服装道具等等。

调查工作中形成的资料是指在调查中形成的文字、图片、声音、影像等资料,如在现场所做的文字记录,拍摄的图片、照片、所做的录音记录和录像记录,根据调查整理所做的调查日志、调查报告等。这些资料并不属于非物质文化遗产的组成部分,但它们是反映非物质文化遗产形式和内涵的客观证据。

本法第十一条第二款规定,县级以上人民政府其他有关部门可以对其工作领域内的非物质文化遗产实施调查。其他有关部门调查结束后,应当将调查取得的实物图片、资料复制件,汇交给同级文化主管部门,以便于信息的收集整理、交流共享,有利于发现新的非物质文化遗产项目,有利于文化主管部门全面了解非物质文化遗产情况,防止重复调查,抢救濒临消失的非物质文化遗产项目。

在实施非物质文化遗产调查时,应当注意以下几点:

一、注重全面调查和重点调查相结合。

坚持全面调查和采录,以免遗漏。要根据非物质文化遗产的现有状况去调查、记录,有什么就调查什么,对各种非物质文化遗产表现形式,都要进行调查,而不能在调查之初就设定框框,主观地舍弃某些类别或某些内容。要兼顾城市和乡村,采访调查对象要兼顾不同年龄、不同性别、不同职业、不同文化水平的人群。对那些资源丰富的地区、掌握丰富的非物质文化遗产知识和拥有高超技艺的人,要重点调查,深度了解。

二、注重真实记录。

在调查过程中,调查人员应采取客观的唯物史观分析非物质文化遗产的产生、发展以及在漫长的历史进程中出现的各种现象,尊重非物质文化遗产的历史特征,客观地采录和编写,不加修饰、不加歪曲地真实记录历史文化的真实形态和文化传承的脉络,不能根据自己的想象或凭借自己的知识和爱好进行篡改、删减。

三、注重总结归纳。

调查中不仅要认真仔细地观察、记录，还要善于从不同的表现形式中寻找共性，从繁多的调查记录中发现一个地区范围内哪些形式是最有代表性的形式，哪些具体作品或技艺是一类非物质文化遗产表现形式的集中体现。

四、尊重当地风俗习惯和调查对象的权益。

调查工作需要深入各个地区，面对不同的调查对象。调查人员要提前了解并在调查工作中尊重当地的风俗习惯，以便更好地融入当地人的生活，使调查工作顺利开展。另外，还应当尊重调查对象的权益，考虑他们的年龄、体力、时间、情绪等因素，尊重他们的讲述、表演和展示，以平等友好的方式与调查对象进行交流。

第十三条　文化主管部门应当全面了解非物质文化遗产有关情况，建立非物质文化遗产档案及相关数据库。除依法应当保密的外，非物质文化遗产档案及相关数据信息应当公开，便于公众查阅。

【释义】本条是关于建立并公开非物质文化遗产档案、信息的规定。

调查结束后，文化主管部门应建立非物质文化遗产档案及相关数据库。建立非物质文化遗产档案及相关数据库，可以将调查成果物质形态化，为非物质文化遗产的保护、保存工作打下良好基础。国务院办公厅《关于加强我国非物质文化遗产保护工作的意见》指出，要运用文字、录音、录像、数字化多媒体等各种方式，对非物质文化遗产进行真实、系统和全面的记录，建立档案和数据库。《国家级非物质文化遗产保护与管理暂行办法》第十四条规定，国务院文化行政部门组织建立国家级非物质文化遗产数据库。

全国非物质文化遗产普查工作结束后，文化部启动了全国非物质文化遗产普查分省分布图集的编辑出版工作。完善国家级非物质文化遗产名录项目及其代表性传承人信息数据库建设，推动地方各级非物质文化遗产名录项目及其代表性传承人档案和信息数据库建设，努力使珍贵的非物质文化遗产得到妥善保存和有序管理。文化部及中国非物质文化遗产保护中心建立了中国非物质文化遗产网、中国非物质文化遗产数字博物馆等；省级文化主管部门基本建立了数据库。将非物质文化遗产档案和信息上传到网络上，运用现代数字技术宣传、展示非物质文化遗产，有利于人们更好地了解非物质文化遗产、认识非物质文化遗产、学习非物质文化遗产。

需要注意的是，如果非物质文化遗产档案及相关数据信息涉及到国家秘密，应当按照《保守国家秘密法》的有关规定，予以保密。

第十四条 公民、法人和其他组织可以依法进行非物质文化遗产调查。

【释义】本条是关于公民、法人和其他组织可以依法进行非物质文化遗产调查的规定。

本条是一审后新增的条文。十一届全国人大常委会第十六次会议初审时，草案中没有公民、法人和其他组织可以实施非物质文化遗产调查的规定。有的意见提出，应当在法律中明确公民、法人和其他组织是否可以依法实施非物质文化遗产调查。立法机关吸收了这一意见，在草案二次审议稿中增加了这一内容。

公民、法人和其他组织的非物质文化遗产调查与文化主管部门和其他有关部门组织的调查，有以下不同：（1）调查主体不同。前者调查主体是公民、法人和其他组织，后者调查主体是文化主管部门和其他有关部门。（2）调查目的不同。前者一般只调查部分非物质文化遗产，后者应全面了解非物质文化遗产有关情况，为建立非物质文化遗产代表性项目名录摸底。（3）调查规模、方式、要求不同。前者一般规模较小、方式单一、持续时间短，资料的准确性、完整性不高；后者规模大、方式多样、持续时间长，还要求建立非物质文化遗产档案及相关数据库，信息公开。

公民、法人和其他组织的非物质文化遗产调查与境外组织或者个人在境内进行非物质文化遗产调查，有以下不同：（1）调查主体不同。前者调查主体是境内的公民、法人和其他组织，后者调查主体是境外组织或者个人。需要注意的是，这里的"境外"中的"境"指的是"关境"，因此港澳台组织或者个人属于境外组织或者个人，适用本法第十五条的规定。（2）是否经审批不同。前者一般不需要经过审批即可以进行调查，但法律、法规等如有特殊规定的，应从其规定；后者调查应当报经有关文化主管部门批准。（3）调查结束后是否提交调查报告、实物图片等不同。前者一般不需要提交调查报告、实物图片和资料复制件，但法律、法规等如有特殊规定的，应从其规定；后者按照要求应当向批准调查的文化主管部门提交调查报告和调查中取得的实物图片、资料复制件。（4）是否与境内非物质文化遗产学术研究机构合作进行要求不同。前者调查不要求必须与境内非物质文化遗产学术研究机构合作进行，但境外组织的调查应当与境内非物质文化遗产学术研究机构合作进行。

需要注意的是，本条规定，公民、法人和其他组织可以依法进行非物质文化遗产调查，如调查中应当征得调查对象的同意，尊重其风俗习惯，不得损害其合法权益。这里的"依法"一方面是指依照本法和其他法律、法规等有关规定进行调查，另一方面是指将来还要出台的本法配套性实施规定，包括行政法规、地方性法规、规章等。公民、法人和其他组织进行调查也要遵守本法、其他法律、法规以及本法配套法规、规章的规定。

第十五条　境外组织或者个人在中华人民共和国境内进行非物质文化遗产调查，应当报经省、自治区、直辖市人民政府文化主管部门批准；调查在两个以上省、自治区、直辖市行政区域进行的，应当报经国务院文化主管部门批准；调查结束后，应当向批准调查的文化主管部门提交调查报告和调查中取得的实物图片、资料复制件。

境外组织在中华人民共和国境内进行非物质文化遗产调查，应当与境内非物质文化遗产学术研究机构合作进行。

【释义】本条是关于境外组织、个人在我国境内进行非物质文化遗产调查的规定。

一、调查开始前应当报经省级以上文化主管部门批准。

进行非物质文化遗产调查的境外组织或者个人，应当根据拟调查的范围大小报经省级或者国务院文化主管部门批准。调查在一个省、自治区、直辖市行政区域内进行的，应当报经省、自治区、直辖市人民政府文化主管部门批准。调查在两个以上省、自治区、直辖市行政区域进行的，应当报经国务院文化主管部门批准。这里的境外包括其他国家及我国的香港、澳门、台湾地区。

二、调查结束后应当提交调查报告和实物图片、资料复制件。

非物质文化遗产调查结束后，境外组织或者个人应当向批准调查的文化主管部门提交调查报告和调查中取得的实物图片、资料复制件，调查在一个省、自治区、直辖市行政区域内进行的，向该省、自治区、直辖市人民政府文化主管部门提交；调查在两个以上省、自治区、直辖市行政区域进行的，向国务院文化主管部门提交。调查报告是对调查的过程、结果、项目现状等有关情况的报告。要求境外组织或者个人提交调查报告和调查中取得的实物图片、资料复制件是为了使文化主管部门及时了解调查活动本身和所调查的非物质文化遗产的有关情况，以便采取相应的管理、保护、保存等措施；同时也有利于开展非物质文化遗产相关资料的保存、整理和研究工作。

三、境外组织调查应当与境内非物质文化遗产学术研究机构合作进行。

境内非物质文化遗产学术研究机构是指我国境内开展非物质文化遗产学术研究的科研院所、高等院校等机构,包括非物质文化遗产专题研究机构、开展非物质文化遗产学术研究的社会科学研究机构、高等院校等。境外组织在我国境内进行非物质文化遗产调查,首先要在境内寻找非物质文化遗产学术研究机构作为合作伙伴,采取合作的方式进行调查,不能单独进行调查。这是本法对境外组织的特别要求。

近年来,境外组织、个人到境内进行非物质文化遗产调查的情况逐渐增多。这体现了我国传统文化的吸引力,但是也给我国的非物质文化遗产保护带来了一些不容忽视的问题。为了从法律制度上对境外组织、个人在境内实施非物质文化遗产调查的行为进行规范,本法对境外组织、个人在境内进行非物质文化遗产调查应当遵循的程序作了上述规定。上述规定主要从程序上对境外组织或者个人在境内的调查活动进行了规范,增加了必要的管理措施,并没有禁止境外组织或者个人来华进行非物质文化遗产调查,不会影响正常的旅游观光活动,也不会限制正常的国际文化交流。

非物质文化遗产调查与旅游观光不同。非物质文化遗产调查是一项有较强目的性、计划性和技术性的工作,是为了获取某地或者某项非物质文化遗产的情况而进行的专业活动。进行非物质文化遗产调查需要具备一定的专业背景和资金设备等支持。旅游观光是一项休闲娱乐活动,任何人都可以进行。本法规范的只是专业的调查活动,对正常的旅游观光活动不做调整。文化主管部门实施本条时,既要注意防止境外组织、个人借旅游观光为名在境内进行非物质文化遗产调查,规避法律规定;又要避免给境外组织、个人在境内的正常旅游观光活动造成妨碍。

第十六条 进行非物质文化遗产调查,应当征得调查对象的同意,尊重其风俗习惯,不得损害其合法权益。

【释义】本条是关于在非物质文化遗产调查中尊重和保护调查对象的规定。

一、进行非物质文化遗产调查,应当征得调查对象的同意。

调查对象是指接受非物质文化遗产调查的组织或者个人。是否接受非物质文化遗产调查,是调查对象的自由,进行调查的组织和个人不能强迫调查对象接受调查。同时,不能以欺骗、隐瞒等方式使调查对象接受调查。

二、进行非物质文化遗产调查,应当尊重调查对象的风俗习惯。

风俗习惯是指一个民族或者地区长期形成的风尚、礼节、习俗等。不同民族、不同地区的风俗习惯都存在不同程度的差异。进行非物质文化遗产调查,应当事先了解调查对象的风俗习惯,例如某些特殊的礼节和禁忌,做到心中有数。在此基础上,对调查对象的风俗习惯予以充分尊重,选择适当的调查方式。

三、进行非物质文化遗产调查,不得损害调查对象的合法权益。

所谓合法权益是指调查对象依据法律法规所应享有的各项权益。例如,进行非物质文化遗产调查,通常需要调查对象进行讲述、展示、表演等活动,进行调查的组织和个人需要在其调查报告、研究成果中使用这些内容时,应当充分尊重调查对象对自己的讲述、展示、表演等活动依法享有的署名权、肖像权、表演者权等合法权益;对涉及个人隐私和商业秘密的,应当履行保密义务,采取保密措施,不得泄露。需要取得或者使用调查对象所有的实物和场所的,进行调查的组织和个人应当征得调查对象的同意,并协商是否需要支付费用。

尊重和保护调查对象是进行非物质文化遗产调查的一项基本

要求。侵犯调查对象合法权益的，应当承担相应法律责任。对此，本法第三十九条规定，文化主管部门和其他有关部门的工作人员进行非物质文化遗产调查时侵犯调查对象风俗习惯，造成严重后果的，依法给予处分。此外，损害调查对象合法权益的，还应当依法承担赔礼道歉、赔偿损失等法律责任。

第十七条 对通过调查或者其他途径发现的濒临消失的非物质文化遗产项目，县级人民政府文化主管部门应当立即予以记录并收集有关实物，或者采取其他抢救性保存措施；对需要传承的，应当采取有效措施支持传承。

【释义】本条是关于抢救调查等途径发现的濒临消失非物质文化遗产项目的规定。

对濒临消失的非物质文化遗产项目，文化主管部门要针对不同情况，采取抢救性保存或者保护措施。

调查是发现濒临消失的非物质文化遗产项目的重要途径。这里的调查包括本章所规定的各种调查，既包括文化主管部门的调查，也包括其他有关部门的调查，还包括境内外组织和个人的调查。这就要求文化主管部门和其他有关部门以及境内外组织、个人之间建立畅通的信息交流渠道。本法第十二条规定，文化主管部门和其他有关部门建立健全调查信息共享机制；第十五条规定，境外组织、个人调查结束后要提交调查报告和调查中取得的实物图片、资料复制件。这些规定都有助于文化主管部门及时获取非物质文化遗产的有关情况，从而及时发现濒临消失的非物质文化遗产项目。除此之外，境内组织、个人在调查中发现濒临消失的非物质文化遗产项目，也可以向文化主管部门报告，提出采取抢救性保护、保存措施的建议。除了调查中发现的情况，文化主管部门在日常工作中也有可能通过其他途径发现濒临消失的非物质文化遗产项目，例如该项目传承人主动向文化主管部门报告，要求采取抢救性措施等。

不管通过哪种途径发现的濒临消失的非物质文化遗产项目，都由县级人民政府文化主管部门负责采取抢救性措施。本法作这样的规定，一是为了明确责任主体，防止责任不清，延误濒临消失项目的抢救。二是有利于抢救的开展。濒临消失的非物质文化遗产项目大多处于基层，县级人民政府文化主管部门离项目最近，关系最直接，情况最熟悉，采取抢救性措施以及后续措施最便利。当然，上级人民政府文化主管部门也要履行保护、保存濒临消失的非物质文化遗产项目的职责，加强对下级文化主管部门的指导和监督，并给予必要的技术、资金等支持。

对抢救性保存措施，本条规定了记录、收集实物和其他抢救性保存措施。其他抢救性保存措施包括认定、建档等有利于对濒临消失的项目进行抢救的保存措施。由于非物质文化遗产形式多样，对其进行保存也要针对不同情况，采取适当的方式。不管采取何种方式，抢救性措施必须及时、快速、有效。由于这些项目已经面临着人亡艺绝、永远失传的危险，文化主管部门必须立即将有关的实物、场所、资料保存起来。例如，对传承人年事已高的，要及时拍摄其表演、制作等活动的影音资料。

此外，本条规定对需要传承的，应当采取有效措施支持传承。濒临消失的非物质文化遗产项目有的是体现中华民族优秀传统文化，具有历史、文学、艺术、科学价值的，要保证其继续传承。为此，县级人民政府文化主管部门应当采取有效措施支持传承。支持传承的措施主要是对传承人给予支持和帮助，帮助其寻找符合传承条件的徒弟，提供必要的传承场所，提供必要经费资助其开展授徒传艺活动等。

由于经济、社会等原因一些非物质文化遗产后继乏人，传承人缺乏或者年事已高，导致这些非物质文化遗产濒临消失，如果不及时采取措施将会人亡艺绝，永远失传。此外，有些属于非物质文化遗产组成部分的实物、场所也面临灭失的危险，例如，一些展示、传承非物质文化遗产的场所因年久失修而有倒塌的可能。对濒临消失的非物质文化遗产项目,采取抢救性保存或者保护措施极为重要。《保护非物质文化遗产公约》确立了"人类非物质文化遗产代表作名录"和"急需保护的非物质文化遗产名录"等名录。濒临消失的非物质文化遗产类似于急需保护的非物质文化遗产,但在我国没有单独设立这一类名录,而是把符合条件的濒临消失的非物质文化遗产项目纳入非物质文化遗产代表性项目名录并予以重点保护。

第三章 非物质文化遗产代表性项目名录

【本章提要】非物质文化遗产代表性项目名录制度是本法确立的保护我国非物质文化遗产的基本制度,本法规定的保护规划、代表性传承人等保护制度都以代表性项目名录制度为基础。本章围绕非物质文化遗产代表性项目名录,主要规定了建立非物质文化遗产代表性项目名录的政府层级,列入国家级和地方代表性项目名录的条件,国家级代表性项目的推荐、建议、评审、公示、拟定、批准、公布等产生程序,国家级和地方代表性项目的保护规划、区域性整体保护和专项保护规划、对保护规划实施情况的监督检查等内容。

第十八条 国务院建立国家级非物质文化遗产代表性项目名录,将体现中华民族优秀传统文化,具有重大历史、文学、艺术、科学价值的非物质文化遗产项目列入名录予以保护。

省、自治区、直辖市人民政府建立地方非物质文化遗产代表性项目名录,将本行政区域内体现中华民族优秀传统文化,具有历史、文学、艺术、科学价值的非物质文化遗产项目列入名录予以保护。

【释义】本条是关于国务院和省级政府建立非物质文化遗产代表性项目名录的规定。

《保护非物质文化遗产公约》第十二条规定:"为了使其领土上的非物质文化遗产得到确认以便加以保护,各缔约国应根据自己的国情拟定一份或数份关于这类遗产的清单,并应定期加以更新。"这一清单即国家层面的非物质文化遗产名录。同时,对国际层面的非物质文化遗产名录,该公约第十六条规定:"为了扩大非物质文化遗产的影响,提高对其重要意义的认识和从尊重文化多样性的角度促进对话,委员会应根据有关缔约国的提名编辑、更新和公布人类非物质文化遗产代表作名录";第十七条规定:"为了采取适当的保护措施,委员会编辑、更新和公布急需保护的非物质文化遗产名录,并根据有关缔约国的要求将此类遗产列入该名录"。2004年全国人大常委会批准加入该公约。

2005年,国务院《关于加强文化遗产保护的通知》和国务院办公厅《关于加强我国非物质文化遗产保护工作的意见》规定,通过制定评审标准并经过科学认定,建立国家级和地方非物质文化遗产名录体系。该《意见》的附件《国家级非物质文化遗产代表作申报评定暂行办法》还说明了建立名录体系的目的,规定了国家级非物质文化遗产代表作的具体评审标准、申报审批程序等。

我国的非物质文化遗产资源丰富。2006年、2008年国务院先后公布了两批共1028项国家级非物质文化遗产名录项目,其中第一批518项,第二批510项。全国所有省、自治区、直辖市和新疆生产建设兵团都已建立了地方非物质文化遗产名录。截至2009年,省级名录项目7109个,地市级名录项目18186个,县级名录项目53776个。保护必须有所侧重,重点保护那些体现中华民族优秀传统文化,具有历史、文学、艺术、科学价值的珍贵、濒危的非物质文化遗产。建立非物质文化遗产代表性项目名录是我国非物质文化遗产保护工作的有效抓手,可以使我国有限的行政、财力资源得到科学利用,有利于推动我国非物质文化遗产代表性项目的抢救、传承、传播，加强中华民族的文化自觉和文化认同，提高对中华文化整体性和历史连续性的认识。同时，建立非物质文化遗产代表性项目名录也是履行《保护非物质文化遗产公约》的要求，有利于增进国际社会对中国非物质文化遗产的认识，促进国际间的文化交流与合作，为人类文化的多样性及其可持续发展做出贡献。

按照本条规定，非物质文化遗产代表性项目名录是指国务院和省、自治区、直辖市人民政府为了保护体现中华民族优秀传统文化，具有历史、文学、艺术、科学价值的非物质文化遗产项目而建立的名录，包括国家级非物质文化遗产代表性项目名录和地方非物质文化遗产代表性项目名录，其中列入国家级非物质文化遗产代表性项目名录的必须是具有"重大"历史、文学、艺术、科学价值的非物质文化遗产项目，以与地方非物质文化遗产代表性项目名录区分。

体现中华民族优秀传统文化和具有历史、文学、艺术、科学价值是非物质文化遗产代表性项目的两个要件。体现中华民族优秀传统文化，要求该项非物质文化遗产属于中华民族传统文化的精华，是符合时代发展方向的先进文化，而不是那些落后的、不合时宜的传统文化。具有历史、文学、艺术、科学价值是指该项非物质文化遗产对历史、文学、艺术、科学方面的研究、创作、欣赏等活动具有积极的作用，确有保护的必要。这两个条件分别从不同角度对非物质文化遗产代表性项目进行了界定，是某项非物质文化遗产列入代表性项目名录的必要条件，缺一不可。

需要说明的是，对濒临消失的非物质文化遗产，纳入非物质文化遗产代表性项目名录后予以重点保护。为此，本法第二十五条规定，制定非物质文化遗产代表性项目保护规划，应当对濒临消失的非物质文化遗产代表性项目予以重点保护。本章仅对建立国家级非物质文化遗产代表性项目名录的办法作了规定。关于地方非物质文化遗产代表性项目名录，本法第四十三条规定，建立地方非物质文化遗产代表性项目名录的办法，由省、自治区、直辖市参照本法有关规定制定。

第十九条　省、自治区、直辖市人民政府可以从本省、自治区、直辖市非物质文化遗产代表性项目名录中向国务院文化主管部门推荐列入国家级非物质文化遗产代表性项目名录的项目。推荐时应当提交下列材料：

（一）项目介绍，包括项目的名称、历史、现状和价值；

（二）传承情况介绍，包括传承范围、传承谱系、传承人的技艺水平、传承活动的社会影响；

（三）保护要求，包括保护应当达到的目标和应当采取的措施、步骤、管理制度；

（四）有助于说明项目的视听资料等材料。

【释义】本条是关于推荐国家级非物质文化遗产代表性项目的规定。

省级人民政府可以从本省、自治区、直辖市非物质文化遗产代表性项目名录中选择项目向国务院文化主管部门推荐将其列入国家级非物质文化遗产代表性项目名录。获得推荐的项目是已列入省、自治区、直辖市非物质文化遗产代表性项目名录的项目，是优中选优。推荐时应当提交有助于说明项目的材料，包括：

一、项目介绍，包括项目的名称、历史、现状和价值。

这是对项目的总体介绍，有助于了解项目的基本情况。其中名称是指项目的正式名称，例如中药炮制技术、杨柳青木版年画。价值指该项目具有的历史、文学、艺术、科学价值。

二、传承情况介绍，包括传承范围、传承谱系、传承人的技艺水平、传承活动的社会影响。

传承谱系是指某项非物质文化遗产的传承脉络、传承过程和衍变发展的经历。

三、保护要求，包括保护应当达到的目标和应当采取的措施、步骤、管理制度。

保护要求包括两个方面，一是省、自治区、直辖市人民政府认为保护该项目需要达到什么样的目标，二是为了达到这个目标，省、自治区、直辖市人民政府认为需要采取哪些措施、步骤、管理制度。

四、有助于说明项目的视听资料等材料。

非物质文化遗产往往具有丰富多彩的形式和内容，例如，口头文学、音乐、舞蹈、戏剧、曲艺等，无法单纯用文字材料就能说明，必须借助视听资料等材料将传承人实际的表演过程加以呈现，才能全面展现该项非物质文化遗产的魅力和价值。

第二十条 公民、法人和其他组织认为某项非物质文化遗产体现中华民族优秀传统文化，具有重大历史、文学、艺术、科学价值的，可以向省、自治区、直辖市人民政府或者国务院文化主管部门提出列入国家级非物质文化遗产代表性项目名录的建议。

【释义】本条是关于公民、法人和其他组织可以提出将某项非物质文化遗产列入国家级非物质文化遗产代表性项目名录的规定。

体现中华民族优秀传统文化，具有重大历史、文学、艺术、科学价值的非物质文化遗产是列入国家级非物质文化遗产代表性项目名录的必要条件，只有同时具备以上条件才能列入国家级非物质文化遗产代表性项目名录。目前我国对国家级非物质文化遗产代表性项目名录采用的是逐级申报的程序。按照《国家级非物质文化遗产代表作申报评定暂行办法》规定的程序，公民、法人和其他组织向所在行政区域文化行政部门提出申请之后由受理的文化行政部门逐级上报，经省级文化行政部门进行汇总后向部际联席会议办公室申报，再经审核、评审、公示等一系列程序，才能确认该非物质文化遗产是否能列入国家级非物质遗产代表性项目名录。由公民、法人和其他组织直接向省、自治区、直辖市人民政府或国务院文化主管部门建议，更有利于对濒危的非物质文化遗产进行保护。

我国作为《保护非物质文化遗产公约》的缔约国，非常有必要在保护非物质文化遗产中对公众参与加以体现。作为一个历史悠久的文明古国，我国各族人民在长期生产生活实践中创造了丰富多彩的非物质文化遗产，仅仅依靠行政部门的力量是无法全面了解和掌握我国各地各民族非物质文化遗产资源的种类、数量、分布状况和生存环境，虽然我国从2005年就开始全国性大规模的非物质文化遗产的普查工作，建立名录制度，但也不可能调查了解所有的非物质文化遗产，需要发挥广大人民群众的力量，只有充分利用好公众力量，才能使非物质文化遗产保护有深厚的群众和文化基础。全民参与到保护非物质文化遗产的工作当中，这也是本法的基本原则之一。国家鼓励和支持公民、法人和其他组织参与非物质文化遗产保护工作。如果公民、法人和其他组织认为某项非物质文化遗产符合列入国家级非物质文化遗产代表性项目名录标准的，可以提出建议。"建议"既可以向省、自治区、直辖市人民政府提出，也可以直接向国务院文化主管部门提出。

第二十一条 相同的非物质文化遗产项目，其形式和内涵在两个以上地区均保持完整的，可以同时列入国家级非物质文化遗产代表性项目名录。

【释义】本条是关于相同的非物质文化遗产的形式和内涵在两个以上地区均保持完整，是否可以同时列入国家级非物质文化遗产代表性项目名录的规定。

一、实践中存在两个以上地区完整保持相同的非物质文化遗产的情况。

根据国务院办公厅《关于加强我国非物质文化遗产保护工作的意见》的规定，非物质文化遗产保护工作的指导方针是"保护为主、抢救第一、合理利用、传承发展",该意见要求在科学认定的基础上,采取有力措施,使非物质文化遗产在全社会得到确认、尊重和弘扬。有关部门在非物质文化遗产普查工作中,充分利用已有工作成果和研究成果,分地区、分类别制定普查工作方案,组织开展对非物质文化遗产的现状调查,全面了解和掌握各地各民族非物质文化遗产资源的种类、数量、分布状况、生存环境、保护现状及存在问题,运用文字、录音、录像、数字化多媒体等各种方式,对非物质文化遗产进行真实、系统和全面的记录,建立档案和数据库。

在非物质文化遗产普查工作中发现,相同的非物质文化遗产同时在多个地区存在并保持完整的情况并不少见,例如,剪纸艺术就同时在河北省蔚县、河北省丰宁满族自治县、山西省中阳县、辽宁省锦州市、江苏省扬州市、浙江省乐清市、广东省佛山市、广东省汕头市、广东省潮州市、云南省潞西市、陕西省安塞县等地流行甚广;泥塑艺术同时在天津市、江苏省无锡市、陕西省凤翔县、河南省浚县等地流行甚广;木偶戏同时在福建省泉州市、福建省晋江市、福建省漳州市、辽宁省锦州市、湖南省邵阳县、广东省高州市、广东省潮州市、海南省临高县、贵州省石阡县、浙江省泰顺县等地流行甚广。自1988年以来,全国已有多个具有浓郁民族风格和艺术特色的乡镇,被文化部命名为"中国民间艺术之乡"、"中国特色之乡"。在这些剪纸之乡、木偶之乡,各种具有悠久历史传统、独具特色的民族民间文化活动在群众中广泛开展,许多区域性的传统民俗、节庆活动得到恢复和发展。

二、从形式和内涵判断非物质文化遗产项目是否相同。

事物一般有其形式和内涵,形式是事物的形状、结构等外在表现,内涵是概念所反映的事物本质属性的总和。非物质文化遗产的形式和内涵,既包括非物质文化遗产的表达方式、程式等表现形式,也包括非物质文化遗产所蕴含的习惯、信仰和特殊情感等内涵。

非物质文化遗产的形式包括以下表现形式,或者以下表现形式的组合:(一)口头表现形式,例如民间故事、民间诗歌和谜语;(二)音乐表现形式,例如民歌和器乐;(三)行动表现形式,例如民间舞蹈、游戏和艺术形式或仪式;(四)有形表现形式,例如:(1)民间艺术作品,尤其是绘画、素描、雕刻、雕塑、镶嵌、木工、金属器皿、珠宝、编织、刺绣、纺织;(2)乐器;(3)建筑形式。

尊重非物质文化遗产,更重要的是体现为尊重非物质文化遗产的内涵,即尊重创造和传承非物质文化遗产的人们的思想感情及其文化寓意和内涵。非物质文化遗产中蕴涵的各民族独特的智慧和宝贵的精神财富,是社会得以延续的命脉和源泉。

非物质文化遗产一般作为艺术或者文化的表达形式而存在,体现特定民族、国家或者地区人民独特的创造力和独特的思想、情感、价值观。例如,剪纸艺术既是我国工艺美术中特有的一种艺术形式,也是民间流行的一种表达情感的手段,其独特性令世人叹为观止。剪纸有很普遍的用途,或者用于日常装饰,或者用于节日庆贺;剪纸又是一种象征符号,富有丰富的含义,是中国人特有的祈福和祝福方式,有其独特的审美价值。剪纸作为民族文化、文明的一部分,含有民族独特的传统因素、文化基因和民族记忆,这是民族赖以存在和发展的根,失去了这些,就失去了民族特性和民族持续发展的动力。

三、非物质文化遗产的形式和内涵在不同地区均保持完整的,均可申请列入国家级非物质文化遗产代表性项目名录。

非物质文化遗产代表性项目的申请不具有排他性,申请地区或者单位不受数量上的限制。例如,剪纸艺术就同时有多个地区提出申请,因其形式和内涵均在当地保持完整,被同时列入国家级非物质文化遗产代表性项目名录;因其又各自保持着当地特色，因而又在名称上有所体现，被分别称为蔚县剪纸、丰宁满族剪纸、中阳剪纸、医巫闾山满族剪纸、扬州剪纸、乐清细纹刻纸、广东剪纸、傣族剪纸和安塞剪纸。这种做法意义重大：一是有利于维护文化的多样性；二是有利于促进不同区域文化的平等对话交流。

第二十二条　国务院文化主管部门应当组织专家评审小组和专家评审委员会，对推荐或者建议列入国家级非物质文化遗产代表性项目名录的非物质文化遗产项目进行初评和审议。

初评意见应当经专家评审小组成员过半数通过。专家评审委员会对初评意见进行审议，提出审议意见。

评审工作应当遵循公开、公平、公正的原则。

【释义】本条是关于专家评审的规定。

一、专家评审的必要性。

近年来，随着依法行政工作的不断推进，我国正逐步建立健全科学决策机制。《国务院工作规则》要求，国务院及各部门要健全重大事项决策的规则和程序，完善群众参与、专家咨询和政府决策相结合的决策机制；国务院各部门提请国务院研究决定的重大事项，都必须经过专家或研究、咨询机构等进行必要性、可行性和合法性论证。

建立国家级非物质文化遗产代表性项目名录，是非物质文化遗产保护工作中的重要环节；对于列入国家级非物质文化遗产代表性项目名录的非物质文化遗产项目，国家将采取传承、传播等措施予以保护。因此，确定哪些非物质文化遗产项目可以列入国家级非物质文化遗产代表性项目名录，属于重要的行政决策活动，应当按照科学决策的要求，充分发挥专家的作用。为此，国务院办公厅《关于加强我国非物质文化遗产保护工作的意见》明确要求，充分发挥专家的作用，建立非物质文化遗产保护的专家咨询机制和检查监督制度。

在总结实践经验的基础上，按照科学决策的要求，本条规定，国务院文化主管部门应当组织专家评审小组和专家评审委员会，对推荐或者建议列入国家级非物质文化遗产代表性项目名录的非物质文化遗产项目进行初评和审议。

二、专家评审小组和专家评审委员会。

《国家级非物质文化遗产代表作申报评定暂行办法》第十三条规定："评审委员会由国家文化行政部门有关负责同志和相关领域的专家组成，承担国家级非物质文化遗产代表作的评审和专业咨询。评审委员会每届任期四年。评审委员会设主任一名、副主任若干名，主任由国家文化行政部门有关负责同志担任。"为了做好国家级非物质文化遗产代表性项目名录的评审工作，文化部据此成立了专家评审委员会。由于我国的非物质文化遗产丰富多彩，博大精深，涉及文学、艺术学、人类学、民族学、民俗学、社会学等各个门类，专家评审委员会由文联、社会科学院、艺术研究院所、高等院校、博物馆等各方面从事文学、艺术、民俗等各类学术研究的专家学者组成。在专家评审委员会之下，根据各个门类，还成立了专家评审小组。

考虑到国家级非物质文化遗产代表性项目名录是按照民间文学，传统音乐，传统舞蹈，传统戏剧，曲艺，传统体育、游艺与竞技，传统美术，传统技艺，传统医药，民俗十大类来分类的，目前的专家评审小组是按照这十大类别划分的，基本由该领域的专家构成，但由于有些类别有一定的综合性，也会吸收其他相关领域的专家组成。

根据本条规定，专家评审小组负责对推荐或者建议列入国家级非物质文化遗产代表性项目名录的非物质文化遗产项目进行初评，提出初评意见，经专家评审小组成员过半数通过；专家评审委员会负责对专家评审小组提出的初评意见进行审议，提出审议意见。

三、评审工作应当遵循的原则。

公开、公平和公正是现代行政程序中的三项重要原则,专家评审工作作为行政决策程序的重要环节,也要遵循这三项原则。因此,本条第三款明确规定,评审工作应当遵循公开、公平、公正的原则。

公开的本意是不加隐蔽。专家评审工作中的公开,是指除依法应当保密的以外,有关工作应当一律公开进行;评审工作的标准、条件、程序应当依法公布,允许有关人员依法查阅、复制。

公平和公正是历史悠久的法律原则,是法律制度所追求的价值目标。公平和公正在内涵和外延上,尽管并不完全相同,但其共同点要远远多于不同点。在专家评审工作程序中,公平、公正的基本精神是,要求参与评审工作的专家公道处事,不徇私情,合理考虑相关因素;要求参与评审工作的专家平等对待被评审的项目,不因项目的不同情况而予以区别对待。

公开、公平和公正是相互联系的。公开是一种手段,公平、公正是目的,公开促进公平、公正的实现;公平、公正必然要求评审工作公开,"暗箱操作"是没有公平、公正可言的。

第二十三条 国务院文化主管部门应当将拟列入国家级非物质文化遗产代表性项目名录的项目予以公示,征求公众意见。公示时间不得少于二十日。

【释义】本条是关于征求公众意见的规定。

近年来,随着依法行政工作的不断推进,我国正逐步建立健全民主决策机制。2004年3月国务院印发的《全面推进依法行政实施纲要》中明确要求,对于社会涉及面广、与人民群众利益密切相关的决策事项,应当向社会公布,或者通过举行座谈会、听证会、论证会等形式广泛听取意见。《国务院工作规则》要求,国务院各部门提请国务院研究决定的重大事项,涉及重大公共利益和人民群众切身利益的,要向社会公开征求意见。

第二部分 《中华人民共和国非物质文化遗产法》条文释义

如前所述，确定哪些非物质文化遗产项目可以列入国家级非物质文化遗产代表性项目名录，属于重要的行政决策活动。在有关工作过程中，不但应当按照科学决策的要求，充分发挥专家的作用，而且应当按照民主决策的要求，充分听取社会公众的意见。为此，《国家级非物质文化遗产代表作申报评定暂行办法》第十六条明确要求，部际联席会议办公室应当通过媒体对国家级非物质文化遗产代表作推荐项目进行社会公示。

在总结实践经验的基础上，按照民主决策的要求，本条规定，国务院文化主管部门应当将拟列入国家级非物质文化遗产代表性项目名录的项目予以公示，征求公众意见。公示时间不得少于二十日。

一、征求公众意见的方式。

在立法过程中，有的部门提出，国务院文化主管部门应当通过主要门户网站、报纸杂志、电台电视台等多种媒体渠道，对项目公示工作进行宣传，广泛征求意见。上述意见不无道理，但是，考虑到随着经济社会和科学技术的不断发展，新的媒体渠道将层出不穷，征求公众意见的方式和手段可能越来越丰富，本条未具体列举征求公众意见的方式和渠道，仅明确要求"国务院文化主管部门应当将拟列入国家级非物质文化遗产代表性项目名录的项目予以公示，征求公众意见"。具体工作中，为实现社会公众广泛知晓并积极参与国家级非物质文化遗产代表性项目名录的建立工作，国务院文化主管部门应当通过政府网站、新闻发布会以及报刊、广播、电视等多种方式，广泛征求社会公众的意见。

二、公示时间。

《国家级非物质文化遗产代表作申报评定暂行办法》第十六条规定，推荐项目的公示期为三十日。在立法过程中，有的意见认为，三十日时间过长，不利于提高工作效率。考虑到每次拟列入国家级非物质文化遗产代表性项目名录的项目数量等情况可能各不相同,不宜对公示时间作统一要求,本条仅规定了公示时间的最短时限,即不得少于二十日。如果拟列入国家级非物质文化遗产代表性项目名录的项目数量较多、情况复杂,国务院文化主管部门可以根据实际情况确定更长一些的公示时间。

第二十四条 国务院文化主管部门根据专家评审委员会的审议意见和公示结果,拟订国家级非物质文化遗产代表性项目名录,报国务院批准、公布。

【释义】本条是关于国家级非物质文化遗产代表性项目名录最终确定的程序、决策依据和主管机关的规定。

一、国家级非物质文化遗产代表性项目名录的主管机关。

在我国,政府承担着非物质文化遗产保护的主要责任,其法理基础就在于非物质文化遗产是一种社会公共资源,而对它的保护活动是出于公共利益的需要。非物质文化遗产是特定国家、民族或者人群在长期的生产生活实践中积淀而成,反映了特定国家、民族或者人群的历史与现实的社会状况,是特定国家、民族或者人群的特性的文化表现,是一个国家或者民族的个性的体现,是构成一个国家或者民族内在精神的重要元素。作为一个国家或者民族的一员,人人都有通过非物质文化遗产了解自己的前辈甚至是祖先的生活轨迹、社会状况的权利,都有了解自己的历史的权利,也都有学习、掌握那些非物质文化遗产的权利。因此,非物质文化遗产并不仅仅是属于哪个个人的,而是一定族群的共同财富。从这个意义上来说,具有可获得性的非物质文化遗产是一种社会公共资源,任何政府都有保护非物质文化遗产和维持其可获得性的义务与责任。所以,在非物质文化遗产的保护问题上,政府必须在私法的框架之外,履行一定的义务,采取必要的措施,并使之成为公共文化政策的一部分。

人们之所以对政府在非物质文化遗产保护中是否应该发挥一定的作用存在争议,但这都是从保护处于少数地位的社群的自由发展的角度出发，担心政府干预会给少数社群的社会发展自由和文化自主带来违背其居民意愿的强制。其实只要正确定位政府在非物质文化遗产保护中的作用，就能实现政府公共职能和尊重少数族群文化自主权的平衡。

二、确定国家级非物质文化遗产代表性项目名录的决策依据。

国家级非物质文化遗产代表性项目名录的审查确定，需要国务院文化主管部门根据专家评审委员会审议意见和公示结果、公众意见进行。这一过程体现了政府决策的科学化和公开化：通过专家评审委员会能够增加名录审查的专业性和科学性，更有利于保证列入名录项目的代表性；而将名录公示、征求公众意见，则是在立法层面上明确了公众参与非物质文化遗产保护的原则，保障了公众对非物质文化遗产保护事业的知情权、参与权和监督权，而公众参与的广度和深度将会反过来增加文化存在的空间区域和传承主体，使这种文化在人的自身发展、繁衍中不断地加以传承。

三、确定国家级非物质文化遗产代表性项目名录的程序。

国务院办公厅《关于加强我国非物质文化遗产保护工作的意见》中提出，"建立非物质文化遗产代表作名录体系。要通过制定评审标准并经过科学认定，建立国家级和省、市、县级非物质文化遗产代表作名录体系。国家级非物质文化遗产代表作名录由国务院批准公布。省、市、县级非物质文化遗产代表作名录由同级政府批准公布，并报上一级政府备案。"

通过建立代表性项目名录来保护非物质文化遗产，是国际国内的通行做法。我国非物质文化遗产资源丰富，种类繁多，建立分级负责的非物质文化遗产代表性项目名录制度，既可以明确各级政府的保护责任，又可以使我国的非物质文化遗产得到有效保护。特别珍贵或濒危的非物质文化遗产则需要根据程序列入国家级名录，通过国家进行重点保护。文化部作为国务院文化主管部门，应在省级文化主管部门报送基础上，按照规定的程序，严格把关，并报国务院审批、公布。

第二十五条　国务院文化主管部门应当组织制定保护规划，对国家级非物质文化遗产代表性项目予以保护。

省、自治区、直辖市人民政府文化主管部门应当组织制定保护规划，对本级人民政府批准公布的地方非物质文化遗产代表性项目予以保护。

制定非物质文化遗产代表性项目保护规划，应当对濒临消失的非物质文化遗产代表性项目予以重点保护。

【释义】本条是关于对非物质文化遗产代表性项目通过制定保护规划予以保护的规定。

非物质文化遗产既是历史发展的见证，又是珍贵的、具有重要价值的文化资源。但是，随着全球化趋势的加强和工业化进程的加快，非物质文化遗产正受到越来越大的冲击。一些依靠口传心授传承人的非物质文化遗产正在不断消失，许多传统技艺濒临消亡，大量有历史、文化价值的珍贵实物与资料遭到毁弃或流失境外，随意滥用、过度开发非物质文化遗产的现象时有发生。在一些地方，"重申报、轻保护"的问题十分突出。一些地方政府申请将非物质文化遗产项目列入上一级政府名录的积极性非常高，但是，没有采取有效措施进行保护，或者采取的保护措施缺乏针对性、有效性。本条要求国务院文化主管部门和省级文化主管部门组织制定保护规划，对国家级和地方非物质文化遗产代表性项目予以保护，对濒临消失的非物质文化遗产代表性项目予以重点保护。这既是保护我国非物质文化遗产代表性项目的现实需要，也是履行《保护非物质文化遗产公约》规定的义务。这里所指的保护规划，不同于县级以上人民政府编制的国民经济和社会发展规划，它是由国务院文化主管部门和省级文化主管部门组织制定的，是保护非物质文化遗产代表性项目的专项规划。

一、对国家级非物质文化遗产代表性项目的保护。

依照本法规定，国家级非物质文化遗产代表性项目，是指体现中华民族优秀传统文化，具有重大历史、文学、艺术、科学价值的非物质文化遗产项目。本条第一款要求，国务院文化主管部门应当通过组织制定保护规划，对这些代表性项目予以保护。由于保护包含了传承、传播等措施，而本法第四章就非物质文化遗产的传承与传播做出了专章规定，因此，这里的保护规划更多的是体现保护目标、保护方针、保护原则、保护措施以及组织机构、经费保障、人员投入等长远目标和近期工作任务。国务院《关于加强文化遗产保护的通知》指出，非物质文化遗产保护要贯彻"保护为主、抢救第一、合理利用、传承发展"的方针，并要求建立责任追究、部门协调、定期通报、专家咨询以及公众和舆论的监督等机制。因此，国务院文化主管部门组织制定保护规划，要落实国务院的上述要求，研究制定政策措施和长效保护机制，明确非物质文化遗产的调查、建档、传承、传播等具体保护措施。

二、对地方非物质文化遗产代表性项目的保护。

依照本法规定，地方非物质文化遗产代表性项目，是指省、自治区、直辖市行政区域内体现中华民族优秀传统文化，具有历史、文学、艺术、科学价值的非物质文化遗产项目。依照本条第二款的规定，地方非物质文化遗产代表性项目是由省级人民政府批准建立的，保护规划由省级人民政府文化主管部门负责组织制定。同国务院文化主管部门组织制定保护规划一样，省级人民政府文化主管部门在组织制定保护规划时，也要落实国务院《关于加强文化遗产保护的通知》和国务院办公厅《关于加强我国非物质文化遗产保护工作的意见》的要求，听取各方面意见，包括专家学者的意见，进行科学论证，组织相关部门一起制定出切实可行的保护规划。需要说明的是,各省、自治区、直辖市制定涉及非物质文化遗产保护、保存的地方性法规、政府规章,也可以作为保护规划的内容,以使保护工作制度化、法律化。

三、对濒临消失的非物质文化遗产代表性项目的保护。

非物质文化遗产是不可再生的珍贵资源,一旦消失则无法再生。实践中,一些单位和个人在现代生活方式的冲击下,失去了对传统生产生活方式的兴趣,致使许多具有重要价值的传统生产技艺、生活习俗、民间艺术等已经消失或者正在面临消失的危险;随着一些老艺人的去世,其特有的绝活、技艺、表演也随之消失。因此,加强对非物质文化遗产、特别是濒临消失的非物质文化遗产的保护已经刻不容缓。本条第三款要求,无论国务院文化主管部门组织制定保护规划,还是省级人民政府文化主管部门组织制定保护规划,都应当对濒临消失的非物质文化遗产代表性项目予以重点保护。所谓濒临消失,是指接近、临近消失的边缘,如不立即采取措施,则很快就会消失、消亡。所谓重点保护,就是在重视程度、人员投入、经费保障、保护措施、保护进度等方面区别于其他非物质文化遗产代表性项目,体现其重要性和紧迫性,防止"人亡艺绝"以及"先破坏后保护"现象的发生。

第二十六条 对非物质文化遗产代表性项目集中、特色鲜明、形式和内涵保持完整的特定区域,当地文化主管部门可以制定专项保护规划,报经本级人民政府批准后,实行区域性整体保护。确定对非物质文化遗产实行区域性整体保护,应当尊重当地居民的意愿,并保护非物质文化遗产组成部分的实物和场所,避免遭受破坏。

实行区域性整体保护涉及非物质文化遗产集中地村镇或者街区空间规划的,应当由当地城乡规划主管部门依据相关法规制定专项保护规划。

【释义】本条是关于对非物质文化遗产实行区域性整体保护的规定。

一、关于整体性保护。

作为一个历史悠久、幅员辽阔、民族众多的文明古国，中国拥有丰富多彩的非物质文化遗产。我国非物质文化遗产既包含着丰富多彩的内容和形式，又与特定的生态环境相依存。我们倡导的保护是以全方位、多层次的方式方法来反映和保存人类文化的多样性、丰富性。因此，在本法的总则部分就明确规定："保护非物质文化遗产，应当注重其真实性、整体性和传承性"。所谓整体性，就是要保护文化所拥有的全部内容和形式，也包括传承人和生态环境。这就是说要从整体上对非物质文化遗产加以关注并进行多方面的综合保护。

非物质文化遗产的整体是由无数具体的文化事象构成的。"对具体文化事象的保护，要尊重其内在的丰富性和生命特点。不但要保护非物质文化遗产的自身及其有形外观，更要注意它们所依赖、所因应的构造性环境。"我国民间许多习俗都与特定的文化生态环境紧密相依，保护非物质文化遗产，首先要保护其生态环境。比如，中原地区汉族的民歌传统比较弱。但是，有一个例外，那就是鄂西北山区。那里由于相对封闭，当地汉族农民的生活方式还相当传统，他们在劳动中或者闲暇时都喜欢讲故事、唱歌，当地既有闻名中外的伍家沟故事村，又有青林寺谜语村和吕家河民歌村。吕家河村共有182户，在749人中，会唱两小时民歌以上的多达85人，其中有几位是名声远扬的著名歌师；那里流行的民歌调子有70多种，歌词达几千首。近年来，当地政府和文化界为保护民歌等活态文化做了许多工作，他们热情邀请各方面的专家前来考察研究，进行了大量的记录整理工作，还举办过吕家河民歌村的学术研讨会。这些都是保护工作应有的积极举措。然而，仅有这样的保护还是远远不够的。记录下来并整理成册，仅仅相当于动植物学家采集了标本，并不能保证当地民歌演唱能长久地活在民间，必须设法保护民歌演唱活动最基本的生态环境，只有坚持活态保护，才能使之继续活在民间。

设立文化生态保护区，是实行区域性整体保护的有效方式。《国家"十一五"时期文化发展规划纲要》提出，在"十一五"时期设立10个国家级民族民间文化生态保护区。2010年2月，文化部发布了《关于加强国家级文化生态保护区建设的指导意见》，对国家级文化生态保护区的设立建设予以指导和规范。此外，坚持整体性是为了保护完整意义上的中华文化，无形文化遗产和有形文化遗产都是中华民族的祖先留下的宝贵财富，虽然在具体形式、内涵、功能上有所不同，但它们都是中华民族精神情感的衍生物，是同源共生、休戚与共的文化整体，对我们了解和认识中华传统文化都有至关重要的意义。我们绝不能将二者割裂开来，而应当同时加以有效保护，只有这样，才能继承完整的中华传统文化。

二、关于专项保护规划。

开展非物质文化遗产保护工作，必须坚持规划先行。国务院办公厅《关于加强我国非物质文化遗产保护工作的意见》中明确提出非物质文化遗产保护的工作原则之一是"长远规划、分步实施"。制定全面、科学、长远的保护规划，关系到非物质文化遗产保护事业发展的全局，也是推动非物质文化遗产保护事业可持续发展的重要手段。除了非物质文化遗产保护规划外，还应当积极将非物质文化遗产保护纳入其他专项规划，形成多层次、广覆盖的规划体系，建立起非物质文化遗产完备的保护制度。

（一）文化主管部门制定的专项保护规划。

对非物质文化遗产代表性项目集中、特色鲜明、形式和内涵保持完整的特定区域实施整体性保护，是贯彻国务院文件精神，落实国家"十一五"时期文化发展规划纲要要求而采取的重要举措,是我国非物质文化遗产保护的一个创举。2007年至今,文化部相继命名设立了闽南文化、徽州文化、热贡文化、羌族文化、客家文化(梅州)、武陵山区(湘西)土家族苗族文化、海洋渔文化(象山)、晋中文化、潍水文化、迪庆民族文化、大理文化生态保护实验区等11个文化生态保护实验区。在地方党委政府的大力支持下,在文化部门和其他相关部门的共同努力下,文化生态保护区的工作机制逐步完善,总体规划编制工作稳步推进,保护工作整体水平得到有效提升,有力地推动了非物质文化遗产的整体性保护,促进了自然生态和物质文化遗产的保护以及非物质文化遗产的传承发展,提高了人们的文化认同和自觉意识,为推动生态文明与社会和谐、城市建设及经济发展,发挥了积极作用。除此之外,其他省份也在积极探索和推动文化生态的整体性保护。例如,《江苏省非物质文化遗产保护条例》第十五条规定:"非物质文化遗产现存形态较完整、特色鲜明,有行之有效的传承措施和广泛群众基础的特定区域,所在地人民政府申报,经省人民政府文化行政部门审核后,报省人民政府授予相应称号。所在地人民政府应当采取有效措施进行整体性保护。"《新疆维吾尔自治区非物质文化遗产保护条例》第十九条规定:"在非物质文化遗产现存形态较为丰富完整、特色鲜明、有广泛群众基础的特定区域,设立非物质文化遗产生态保护区,实行整体性保护。"

在起草和修改过程中,有的意见认为,文化生态保护区更侧重对文化生态整体环境的维护和修复,是一种有利于文化遗产传承的措施,建议在法律中使用"文化生态保护区"这一概念。考虑到实行整体性保护的区域情况不一,既有跨省的区域(如徽州文化生态保护实验区),也有范围很小的区域(如民间传统文化之乡)。因此,本条未使用"文化生态保护区"这一概念,仅要求实行整体保护的区域应当是"非物质文化遗产代表性项目集中、特色鲜明、形式和内涵保持完整的特定区域"。

确定对特定区域实行整体保护，必然会对当地居民造成一定影响。例如，实行整体性保护，可能会对区域内的居民建造住房特别是翻修旧房造成一定的限制，可能会影响当地居民的现代化生活。因此，本条规定，确定对非物质文化遗产实行区域性整体保护，应当尊重当地居民的意愿。而且，尊重当地居民意愿，是编制规划的普遍性要求。《城乡规划法》第十八条第一款也规定："乡规划、村庄规划应当从农村实际出发，尊重村民意愿，体现地方和农村特色。"

根据本法第二条的规定，与传统文化表现形式相关的实物和场所也是非物质文化遗产的重要组成部分。对非物质文化遗产实行整体性保护，应当保持属于非物质文化遗产组成部分的实物的历史延续性，维护属于非物质文化遗产组成部分的场所不受破坏。因此，本条规定，确定对非物质文化遗产实行区域性整体保护，应当保护属于非物质文化遗产组成部分的实物和场所，避免遭受破坏。

（二）城乡规划主管部门制定的专项保护规划。

保护非物质文化遗产，需要各有关部门协作配合，共同做好有关工作。具体到区域性整体保护，不仅涉及文化主管部门的工作，还涉及城乡规划主管部门等有关部门的工作。

实行区域性整体保护，往往会涉及非物质文化遗产集中地的村镇或者街区空间规划，如历史文化名城、名镇、名村的保护规划等。作为历史文化风貌的重要组成部分，加强非物质文化遗产的保护是历史文化名城、名镇、名村保护的重要内容。因此，本条第三款规定，实行区域性整体保护涉及非物质文化遗产集中地村镇或者街区空间规划的，应当由当地城乡规划主管部门依据相关法规制定专项保护规划。村镇或者街区空间规划虽然不是由文化主管部门来制定，但是各级文化部门应当积极配合将非物质文化遗产保护纳入历史文化名城、名镇、名村的保护规划之中,实现非物质文化遗产与自然、人文环境的协调发展。

第二十七条 国务院文化主管部门和省、自治区、直辖市人民政府文化主管部门应当对非物质文化遗产代表性项目保护规划的实施情况进行监督检查;发现保护规划未能有效实施的,应当及时纠正、处理。

【释义】本条是关于文化主管部门对非物质文化遗产代表性项目保护规划的实施情况进行监督检查的规定。

一、对非物质文化遗产代表性项目保护规划实施情况进行监督检查的必要性。

保护规划必须依靠人们的行为努力才能落实。然而,人们对非物质文化遗产的认识并不一致,有时不同方面甚至对落实非物质文化遗产代表性项目保护规划工作还有不同的利益要求,这就不可避免地导致人们落实保护规划的行为并不整齐,有的甚至拖延以致阻碍保护规划的落实。为此,必须由权威的行政部门对非物质文化遗产代表性项目保护规划的落实情况进行监督检查,以统一人们对非物质文化遗产的认识,消除阻力,确保保护规划的落实。

二、对非物质文化遗产代表性项目保护规划实施情况进行监督检查的行政部门。

本法第七条规定:国务院文化主管部门负责全国非物质文化遗产保护、保存工作;县级以上地方人民政府文化主管部门负责本行政区域内非物质文化遗产保护、保存工作。据此,文化主管部门是各级人民政府非物质文化遗产保护、保存工作的专门行政部门;对非物质文化遗产代表性项目保护规划实施情况进行监督检查应当属于文化主管部门的职责范畴。

对非物质文化遗产代表性项目保护规划实施情况进行监督检查,需要统一人们的思想认识,协调不同的利益分歧,应当具有较高层次。而且，国家级非物质文化遗产代表性项目的总体保护规划是由国务院文化主管部门制定的，其中每个项目的专项保护规划由国务院文化主管部门组织当地文化主管部门、相关单位和项目保护单位制定；省、自治区、直辖市非物质文化遗产代表性项目总体保护规划是由省、自治区、直辖市人民政府文化主管部门制定的，其中每个项目的专项保护规划由管级文化主管部门组织当地文化主管部门、相关单位和项目保护单位制定；因此，对非物质文化遗产代表性项目保护规划实施情况进行监督检查的行政部门，为国务院文化主管部门和省、自治区、直辖市人民政府文化主管部门。需要明确的是，国务院文化主管部门对全国非物质文化遗产保护、保存工作负责，不仅对国家级非物质文化遗产代表性项目的保护规划实施情况进行监督检查，而且对省、自治区、直辖市非物质文化遗产代表性项目保护规划实施情况进行监督检查；对本行政区域的国家级非物质文化遗产代表性项目的保护规划，当地省、自治区、直辖市人民政府文化主管部门也负有实施并监督下级行政机关实施的责任，省、自治区、直辖市人民政府文化主管部门除对省、自治区、直辖市非物质文化遗产代表性项目保护规划实施情况进行监督检查外，对下级行政机关实施国家级非物质文化遗产代表性项目保护规划的情况，也负有监督检查的职责。

三、对非物质文化遗产代表性项目保护规划实施情况进行监督检查的内容。

非物质文化遗产代表性项目的保护规划，是根据不同非物质文化遗产代表性项目的特点制定的，提出的要求各不相同；对非物质文化遗产代表性项目保护规划实施情况的监督检查，也应当根据规划的不同要求，确定不同的内容。概括起来，可以有以下几个方面：

（一）保护规划的实施是否涵盖代表性项目的全部，没有遗漏。

（二）保护规划确立的制度是否建立。

例如，有的代表性项目保护依法应当建立传承人制度，传承人制度是否建立起来、运行情况如何；有的代表性项目保护依法应当实行区域性保护，区域性保护制度是否建立、运行情况如何，等等。

（三）保护规划确定的保障措施是否落实。

例如，保护规划确定的经费保障是否落实、人员是否到位。有的非物质文化遗产代表性项目需要设立专门机构实施保护，规划规定了设立专门保护机构的保障措施，非物质文化遗产代表性项目专门保护机构是否设立，等等。

（四）保护规划是否完善。

例如，保护规划确立的制度是否符合实际情况，其规定的保障措施是否适应实际需要；尤其是，形势发展了，保护规划是否适应形势的变化，等等。

由于非物质文化遗产代表性项目不同，对其保护规划实施情况监督检查的内容也不尽相同，文化主管部门实施监督检查，应当制定具体方案，细化监督检查内容，逐项进行。

四、对非物质文化遗产代表性项目保护规划实施情况进行监督检查的注意事项

对非物质文化遗产代表性项目保护规划实施情况进行监督检查，应当注意以下问题：

（一）要公开进行。

对非物质文化遗产代表性项目保护规划实施情况进行监督检查，要深入调查研究，广泛听取意见。

（二）要形成合力。

我国监督制度已形成一个严密体系。对非物质文化遗产代表性项目保护规划实施情况，除国务院和省、自治区、直辖市文化

主管部门进行的监督检查外,还有政府、人大对本级文化主管部门进行的监督检查,纪检监察、审计、财政部门实施的专门监督,新闻媒体进行的舆论监督,行业监督和人民群众的监督。国务院和省、自治区、直辖市文化主管部门对非物质文化遗产代表性项目保护规划实施情况进行的监督检查,应当与上述监督形成合力。

(三)要解决问题。

监督检查是手段,目的是解决问题。要解决的问题可概括为四个方面:一是思想认识问题,如对非物质文化遗产代表性项目保护认识不到位,或者对怎样保护非物质文化遗产代表性项目存在意见分歧。二是工作协调问题,把相关力量协调好,组织起来。三是解决好保障问题,保证经费、人员、机构到位。四是随着形势发展出现的新问题。解决问题的措施要明确、细致、针对性强、可操作。

五、发现非物质文化遗产代表性项目保护规划未能有效实施的纠正、处理。

国务院和省、自治区、直辖市文化主管部门在监督检查中发现非物质文化遗产代表性项目保护规划未能有效实施,必须及时纠正、处理。纠正、处理包括两个方面:

(一)对非物质文化遗产代表性项目保护措施不力的纠正、处理。

要全面落实保护规划的要求,特别是,对濒临消失的非物质文化遗产项目,要采取抢救性保护措施。

(二)对责任人的处理。

根据本法第三十八条、第四十二条的规定,该给予处分的给予处分;该追究刑事责任的,追究其刑事责任。

第四章 非物质文化遗产的传承与传播

【本章提要】非物质文化遗产的最大特点是依托于人而存在,以声音、形象和技艺等为表现手段,以口传心授为延续方式,是一种活态文化。除了对非物质文化遗产采取认定、记录、建档等措施予以保存外,更重要的是对体现中华民族优秀传统文化,具有历史、文学、艺术、科学价值的非物质文化遗产代表性项目采取传承、传播等措施予以保护,即通过传承、教育、宣传、展示等手段使其在相关社区、群体或社会中得以实现、延续和发展。因此,非物质文化遗产保护的关键是要建立以传承人为核心、科学有效的传承机制。本章主要确立了非物质文化遗产的传承、传播制度。这是本法与文物保护法的最大区别。

本章共十条。主要明确了国家鼓励支持开展传承、传播措施的对象是"非物质文化遗产代表性项目";规定了非物质文化遗产代表性项目的代表性传承人的认定制度、支持措施、代表性传承人的义务及退出机制;规定了国家促进非物质文化遗产传播的各项措施;规定了学校、新闻媒体、公共文化机构等在传播非物质文化遗产方面的职责;并对合理利用非物质文化遗产代表性项目开发文化产品和文化服务做出了相应规定。

第二十八条　国家鼓励和支持开展非物质文化遗产代表性项目的传承、传播。

【释义】本条规定是非物质文化遗产传承与传播的纲领性条款,包括以下三个方面的含义:

一、传承、传播的对象是非物质文化遗产代表性项目。

保护、保存非物质文化遗产的目的,是为了继承和弘扬中华民族优秀传统文化,促进社会主义精神文明建设。国家对属于本法调整范围的非物质文化遗产一律采取认定、记录、建档等措施予以保存。同时也要看到,一方面,我国的非物质文化遗产数量巨大、种类繁多，需要区别对待；另一方面，国家的人力、物力和财力等资源是有限的，需要集中、高效地使用。因此，采取传承、传播等措施予以保护的，只能是那些体现中华民族优秀传统文化，具有历史、文学、艺术、科学价值的非物质文化遗产，即非物质文化遗产代表性项目。非物质文化遗产代表性项目，承载着中华民族传统文化的优质基因，对于增强中华民族的文化认同，维护国家统一和民族团结，促进社会和谐和可持续发展，具有十分重要的作用。非物质文化遗产代表性项目的传承、传播，是保护非物质文化遗产最核心的关键环节。

二、传承非物质文化遗产的主体是人民群众。

非物质文化遗产是指各族人民世代相传并视为其文化遗产组成部分的各种文化表现形式，以及与传统文化表现形式相关的实物和场所。联合国教科文组织《保护非物质文化遗产公约》在对"非物质文化遗产"下定义时，还有一段补充性的阐释，即"这种非物质文化遗产世代相传，在各社区和群体适应周围环境，以及与自然和历史的互动中，被不断地再创造，为这些社区和群体提供认同感和持续感，从而增强对文化多样性和人类创造力的尊重"。正是在这种不间断的传承和创新中，一个个社群和团体的身份得到确认，历史归属感和自豪感得到强化。推而广之，即是民族和国家的认同感和历史归属感不断得到确认和强化。因此，人民群众既是非物质文化遗产的创造者，又是非物质文化遗产的传承者和创新者。

三、国家采取措施鼓励和支持非物质文化遗产代表性项目的传承、传播。

人民群众是传承非物质文化遗产的主体，并不是说国家在非物质文化遗产的传承和传播中处于无所作为的地位。恰恰相反，根据《保护非物质文化遗产公约》的规定，各缔约国应采取法律、技术、行政和财政等措施，确保其领土上的非物质文化遗产得到保护、弘扬和展示。因此，本条作为第四章的纲领性条款，开宗明义地规定，国家鼓励和支持开展非物质文化遗产代表性项目的传承、传播。具体说来，国家的鼓励和支持措施主要表现在以下几个方面：一是认定非物质文化遗产代表性项目的代表性传承人并支持其开展传承、传播活动；二是要求文化主管部门、教育主管部门、新闻媒体、公共文化机构等开展非物质文化遗产代表性项目的宣传、教育、展示、普及等；三是对与非物质文化遗产有关的记录、整理、研究、出版等活动给予支持；四是鼓励和支持公民、法人和其他组织依法设立非物质文化遗产展示场所和传承场所；五是对在有效保护的基础上，合理利用非物质文化遗产代表性项目的活动给予支持。

第二十九条　国务院文化主管部门和省、自治区、直辖市人民政府文化主管部门对本级人民政府批准公布的非物质文化遗产代表性项目，可以认定代表性传承人。

非物质文化遗产代表性项目的代表性传承人应当符合下列条件：

（一）熟练掌握其传承的非物质文化遗产；

（二）在特定领域内具有代表性，并在一定区域内具有较大影响；

（三）积极开展传承活动。

认定非物质文化遗产代表性项目的代表性传承人，应当参照执行本法有关非物质文化遗产代表性项目评审的规定，并将所认定的代表性传承人名单予以公布。

【释义】本条是关于非物质文化遗产代表性项目的代表性传承人认定制度的规定。这里的代表性传承人，是指符合本条第二款规定条件的传承人。这些条件包括：熟练掌握某项非物质文化遗产代表性项目；在特定领域内具有代表性，并在一定区域内具有较大影响；积极传承其掌握的非物质文化遗产代表性项目。本

条内容可以概括为三个方面:
一、代表性传承人的认定主体及认定范围。

国务院文化主管部门和省、自治区、直辖市人民政府文化主管部门是认定本级人民政府批准公布的非物质文化遗产代表性项目的代表性传承人的主体。

非物质文化遗产是依靠人的口传心授延续至今的,认定并支持代表性传承人开展传承活动,建立以人为核心、科学有效的传承机制,是本法的一项重要制度。认定代表性传承人,是一项严肃细致的工作,意义深远,责任重大。国务院文化主管部门和各省、自治区、直辖市人民政府文化主管部门在履行这项职责时,一是要全面掌握非物质文化遗产代表性项目的现状、价值、传承范围、传承谱系、社会影响等;二是要明确非物质文化遗产保护工作应该达到的目标和具体保护要求,并确定是否需要认定代表性传承人;三是要确保认定过程的公开、公平、公正。只有这样,才能使支持非物质文化遗产代表性项目传承、传播的行政资源得到合理配置,充分体现政府行使公共文化服务的职能。

关于认定范围,国务院文化主管部门和省、自治区、直辖市人民政府文化主管部门只能对本级人民政府批准公布的非物质文化遗产代表性项目,认定代表性传承人。这里有两层意思:首先,一项非物质文化遗产,只有被批准公布为非物质文化遗产代表性项目后,才可以认定代表性传承人。其次,一项非物质文化遗产,即使被批准公布为非物质文化遗产代表性项目,也并不等于必然要认定代表性传承人。由于非物质文化遗产代表性项目种类繁多,形态各异,流传时间和流传区域差异很大,生存现状和对保护程度的要求也不尽相同,是否需要认定代表性传承人,要根据实际情况而定。

需要指出的是,"代表性传承人"这一名称重在强调"代表性"。这是因为,一项具体的非物质文化遗产,可能有许多传承人,国家只能认定其中最具代表性和影响力的给予重点支持。但是,被认定为某项非物质文化遗产的代表性传承人,并不意味着对该项非物质文化遗产具有独占性,更不意味着其他人就不能传承该项非物质文化遗产了。另外,代表性传承人可能是一个人,也可能是多个人,这要根据非物质文化遗产代表性项目的特点、传承谱系、传承现状等因素确定。

二、代表性传承人的认定条件。

为了使代表性传承人制度具有权威性和公信力,符合制度设立的初衷,真正发挥其应有的作用,对代表性传承人必须要规定相应的条件。2005年,国务院办公厅《关于加强我国非物质文化遗产保护工作的意见》明确提出,"建立科学有效的非物质文化遗产传承机制。对列入各级名录的非物质文化遗产代表作,可采取命名、授予称号、表彰奖励、资助扶持等方式,鼓励代表作传承人(团体)进行传习活动。"2007年至2009年,文化部相继评定并公布了三批共1488名国家级非物质文化遗产代表性项目代表性传承人。本法在总结实践经验的基础上,对代表性传承人规定了三项条件,只有同时符合这三项条件才能被认定为代表性传承人:

(一)熟练掌握其传承的非物质文化遗产。

熟练掌握其传承的非物质文化遗产才可以算是传承人,代表性传承人首先必须是传承人,这是对代表性传承人的基础要求,是起点条件。至于何种程度可谓"熟练掌握",则属于学术范畴,由各方面专家、学者根据该项非物质文化遗产的特点、分布情况以及该传承人的实践水平评估确定。

(二)在特定领域内具有代表性,并在一定区域内具有较大影响。

这是对代表性传承人"代表性"的要求,其中,"在特定领域内具有代表性"是对其在该项非物质文化遗产行业内的评价,通过专家学者的评选和同行公认来判断其代表性的程度;"在一定区域内具有较大影响"是对其社会影响力的判断,即在该项非物质文化遗产所流传的区域内,该代表性传承人在社会公众中有较高的知名度。

(三)积极开展传承活动。

这是对代表性传承人进行传承活动的要求,是其主观意愿和客观实践的具体表现。熟练掌握某项非物质文化遗产,被行业、社会公认具有代表性,但如果其主观上没有培养后继人才、传承非物质文化遗产的意愿,客观上也没有开展授徒、传艺等传承活动,是不能被认定为代表性传承人的。这是因为,国家认定代表性传承人的目的,是为了使非物质文化遗产代表性项目能够传承下去并得以弘扬发展,如果被认定者不开展授徒、传艺等传承活动,这个目标就不可能实现,从而有悖于制度设计的初衷。

三、代表性传承人的认定程序。

代表性传承人认定制度是本法的一项重要制度,关系到代表性传承人的荣誉,涉及到政府对代表性传承人采取的支持和帮助措施。因此,除了认定主体、认定范围、认定条件方面的要求外,认定程序的要求也至关重要。为了保障代表性传承人认定过程的公开、公平和公正,本法要求国务院文化主管部门和省、自治区、直辖市人民政府文化主管部门,参照执行本法有关非物质文化遗产代表性项目评审的规定,来认定代表性传承人。由此可见,本法对代表性传承人认定程序的设计和非物质文化遗产代表性项目名录制度一样,是非常细致严谨的。

根据本法的规定,国家级非物质文化遗产代表性项目经过推荐、专家评审小组初评、专家评审委员会审议、公示征求公众意见等程序后,由文化部报国务院批准公布。国家级非物质文化遗产代表性项目如果需要认定代表性传承人,也必须经过推荐、专家评审小组初评、专家评审委员会审议、公示征求公众意见等程序后，由文化部将代表性传承人的名单予以公布。省、自治区、直辖市人民政府文化主管部门认定其公布的非物质文化遗产代表性项目的代表性传承人，也要参照这一程序进行。

第三十条 县级以上人民政府文化主管部门根据需要，采取下列措施，支持非物质文化遗产代表性项目的代表性传承人开展传承、传播活动：

（一）提供必要的传承场所；

（二）提供必要的经费资助其开展授徒、传艺、交流等活动；

（三）支持其参与社会公益性活动；

（四）支持其开展传承、传播活动的其他措施。

【释义】本条规定了县级以上人民政府文化主管部门支持非物质文化遗产代表性项目的代表性传承人的四项基本措施，建立代表性传承人保障制度，为其带徒授业、展示技能等传承活动创造条件。

一、权利主体。

享受文化主管部门支持待遇的主体为"非物质文化遗产代表性项目的代表性传承人"。即根据本法第二十九条的规定，经过法定程序评选产生的代表性传承人。我国非物质文化遗产有着深厚的社会基础，有着广泛的传承群体。但是，现阶段不可能对所有传承非物质文化遗产的个人提供支持，只能突出重点，选择最具有代表性、影响力的传承人进行支持。2007年至2009年文化部相继评定并公布了三批共1488名国家级非物质文化遗产代表性项目的代表性传承人。各地方也结合本区域的非物质文化遗产名录，评定了相应的非物质文化遗产项目的代表性传承人。这些代表性传承人是文化主管部门支持的主要对象。

二、责任主体。

支持非物质文化遗产的传承是全社会的共同责任，首要的责任主体是各级政府及文化主管部门。这是《保护非物质文化遗产公约》的精神，也是社会各界的普遍共识。鉴于当前某些非物质文化遗产及其代表性传承人所面临的艰难濒危状况，本法进一步强化政府保护职责，加强政府保护力度。县级以上人民政府文化主管部门，包括了国务院以及省、市、县四级文化行政主管部门，都应该根据需要，对代表性传承人的传承、传播活动给予支持。

三、支持形式。本条列举了支持代表性传承人开展传承活动的四种形式：

（一）提供必要的传承场所。

随着我国城市化进程的加快，许多原有的开展非物质文化遗产代表性项目的传承活动场所逐渐消失，代表性传承人由于经济原因又无法独立负担传承场所的费用。为代表性传承人开展传承活动提供必要的场所，是鼓励非物质文化代表性项目传承的重要方式。非物质文化遗产形式多样，对传承场所的需求各有不同，本条对传承场所没有设定统一标准。传承场所可以是文化馆、群艺馆、文化站、博物馆、美术馆等公共文化设施，也可以是专门建立的传承场所。目前，各地已经兴建了一批非物质文化遗产博物馆、传习所。据不完全统计，截止 2009 年底，全国各省、区、市已建立非物质文化遗产博物馆 424 个、展厅 96 个、民俗博物馆 179 个、传习所 1216 个。同时，在"十二五"时期，国家拟在具备一定条件的地区先行试点，建设一批非物质文化遗产展示和传承场所。文化主管部门为代表性传承人提供传承场所，应当以公益为目的，采取免费或是优惠的方式。

（二）提供必要的经费，资助其开展授徒、传艺、交流等活动。

当前由于部分代表性传承人年事已高，年轻人因为选择机会增加、学习见效慢、收入低等原因不愿学习继承，导致许多独门技艺后继乏人，面临消失。提供经费补助是鼓励传承人开展授徒、传艺、交流活动最直接、最有效的措施之一。本条对传承人的资助并没有规定统一标准，县级以上人民政府文化主管部门应当根据本区域的实际情况来确定。从2008年起，中央财政对国家级非物质文化遗产代表性项目的代表性传承人开展传承活动，按每人每年8000元的标准予以资助。从2011年开始，资助额度增加到1万元。2007年，浙江省发布了《浙江省非物质文化遗产代表性传承人（老艺人）补贴办法》，规定对年满65至69周岁的代表性传承人，每人每年给予3000元的补贴；年满70周岁以上的代表性传承人，每人每年给予4000元的补贴。其他地方也陆续开展了不同形式的资助措施。经费资助主要用于代表性传承人"授徒、传艺、交流"等特定用途。对代表性传承人生活中的经济困难，没有专门列入本条的资助范围内。在实践中，对无经济收入来源、生活确有困难的代表性传承人，文化主管部门可以积极创造条件，协调有关部门共同解决。

（三）支持其参与社会公益性活动。

支持代表性传承人参与社会公益性活动，对于扩大非物质文化遗产的社会影响力，提高全社会非物质文化遗产保护的意识具有积极意义。这些公益性活动包括但不限于以下几种：参加非物质文化遗产展览、展示以及各种群众性节日活动，如"文化遗产日"的宣传活动等；参与爱国主义主题教育活动；参与学校教育和学生课外活动和社会实践活动；参加对外、对港澳台文化交流活动等。文化主管部门应当为代表性传承人参与公益性社会活动创造必要条件。

（四）支持其开展传承、传播活动的其他措施。

我国非物质文化遗产种类丰富，传承方式多种多样，代表性传承人在传承活动中面临的问题各有不同。各地在实践中创造了许多有效的支持措施，但在本法中不能一一列举。本项规定意味着，文化主管部门在前三项支持措施之外，还应当根据代表性传承人的实际需要，提供其他合理的支持措施。

文化主管部门在为非物质文化遗产传承人提供支持时应当把握以下几点。一是职责法定。对于传承人的合理请求，县级以上人民政府文化主管部门应当依法履行职责，不能无故拒绝或推卸责任，否则构成违法和渎职。二是因地制宜。本条规定充分考虑到了各地的实际情况，有一定的灵活性。文化主管部门应当结合实际为代表性传承人传承传播非物质文化遗产提供多种支持措施。三是公开公平公正。文化主管部门应当确保支持措施的公开公平公正，接受社会公众监督。四是具体可行。各级人民政府文化主管部门应当结合实际，尽快制定具有可操作性，便于代表性传承人遵循的配套法规、规章，对传承场所的使用、经费资助的标准、申请支持的程序等进一步细化。

第三十一条 非物质文化遗产代表性项目的代表性传承人应当履行下列义务：

（一）开展传承活动，培养后继人才；

（二）妥善保存相关的实物、资料；

（三）配合文化主管部门和其他有关部门进行非物质文化遗产调查；

（四）参与非物质文化遗产公益性宣传。

非物质文化遗产代表性项目的代表性传承人无正当理由不履行前款规定义务的，文化主管部门可以取消其代表性传承人资格，重新认定该项目的代表性传承人；丧失传承能力的，文化主管部门可以重新认定该项目的代表性传承人。

【释义】本条是关于非物质文化遗产代表性项目的代表性传承人义务的规定。

一、代表性传承人应当履行的四项义务。

代表性传承人的义务是代表性传承人制度的重要组成部分。按照法律规定，代表性传承人应当履行四项义务：

(一)开展传承活动,培养后继人才。

非物质文化遗产区别于物质文化遗产的一个基本特性,就在于它是依托于人而存在的,是一种"活态文化"。开展传承活动,培养后继人才是使非物质文化遗产保持鲜活和持久生命力的根本途径。因此,法律将开展传承活动,培养后继人才作为代表性传承人的一项首要义务进行明确规定。代表性传承人开展传承活动的方式很多,最重要的方式就是采取收徒、办学等方式,口传心授,将自己掌握的非物质文化遗产代表性项目,如民间文学、传统美术、传统音乐、传统舞蹈、传统戏剧、曲艺、传统技艺、传统医药、传统体育、游艺及杂技等的内涵渊源、操作程序、技术规范、技艺要领等,传授给愿意学习者,特别是年轻一代,使他们真正成为热爱和弘扬中华民族优秀传统文化的后继人才。

(二)妥善保存相关的实物、资料。

非物质文化遗产本身虽然是无形的,但其流传至今,一定会以某种有形的方式体现出来,反映在有形的物质形态上。因此,非物质文化遗产的形成伴随着丰富的实物资料,这些实物资料代表着非物质文化遗产的创造水平、承载着非物质文化遗产的基因,保护非物质文化遗产相关实物资料对非物质文化遗产的保存、研究和传承具有重要意义。"实物"是指与非物质文化遗产密切相关的工具、道具、器具、代表性作品等。"资料"主要是指原始记录资料以及在调查中形成的文字、图片、声音、影像等各类资料。目前,社会上大量非物质文化遗产的珍贵实物资料被毁损、破坏或者流失出境。因此,明确实物、资料的保管职责,是加强非物质文化遗产保护的重要内容。非物质文化遗产的代表性传承人通常是非物质文化遗产"实物、资料"的拥有者、使用者和创造者。保管好这些"实物、资料"对代表性传承人而言既是一项重要权利,也是一项重要义务。

(三)配合文化主管部门和其他有关部门进行非物质文化遗

产调查。

由于调查是非物质文化遗产保护、保存工作的基础，直接影响到非物质文化遗产的认定、代表性项目名录制度的建立和非物质文化遗产的传承、弘扬等工作，意义重大。同时，组织调查是一项科学性很强的工作，文化主管部门在实施调查的过程中，要有一系列的操作规程、标准和程序要求等，需要代表性传承人予以配合。因此，作为承担着非物质文化遗产传承任务的代表性传承人，有义务配合文化主管部门和其他有关部门进行非物质文化遗产调查。

（四）参与非物质文化遗产公益性宣传。

传承人参与社会公益性活动，加强非物质文化遗产的宣传和传播，不仅可以继承和弘扬中华民族优秀传统文化，提高全民族思想道德素质，增强民族凝聚力，扩大中华文化国际影响力，而且可以营造保护非物质文化遗产的良好氛围，增强全社会对非物质文化遗产的保护意识。传承人参加的公益性宣传主要包括以下几个方面：

一是非物质文化遗产展览、展示以及各种形式的群众性节日活动。这些活动能够让更多群众享受非物质文化遗产保护的成果，例如"文化遗产日"系列活动、非物质文化遗产进社区等。

二是爱国主义主题教育活动。非物质文化遗产承载着中华民族的辉煌历史，铭刻着中华民族的伟大创造，是弘扬优秀传统文化、开展爱国主义教育的重要载体。

三是学校教育、学生课外活动和社会实践活动。

四是对外、对港澳台文化交流活动。各种非物质文化遗产项目日益成为向世界人民展示我国辉煌灿烂文明成就与和平和谐的文化理念的重要名片，也是增强中华民族凝聚力的重要方式。

需要指出的是，参与非物质文化遗产公益性宣传，既是法律规定的代表性传承人需要积极履行的义务，同时也需要各级文化主管部门为代表性传承人参加这类活动创造必要条件。

二、代表性传承人不履行义务的法律后果。既然代表性传承人应当履行上述四项义务,那就可能存在着不履行义务的行为,不论这些行为是什么原因造成的,都需要承担相应的法律后果。对于代表性传承人不履行上述四项义务的行为,本条区分情况规定了两种后果:

第一,非物质文化遗产代表性项目的代表性传承人无正当理由不履行规定义务的,文化主管部门可以取消其代表性传承人资格,重新认定该项目的代表性传承人。

这种情况强调"无正当理由",即代表性传承人不履行规定义务没有什么正当的、让公众理解和接受的理由,完全是主观方面不愿意履行义务,这已经不符合认定代表性传承人的"积极开展传承活动"条件了。因此,认定其为代表性传承人的文化主管部门可以取消其代表性传承人资格,并且按照本法第二十九条规定的条件和程序重新认定该项目的代表性传承人。

第二,由于客观方面原因,代表性传承人丧失传承能力的,文化主管部门可以重新认定该项目的代表性传承人。

这种情况中的"丧失传承能力",主要是指代表性传承人由于疾病或年老体衰等方面的原因而不能开展传承活动。也就是说,代表性传承人虽然主观上渴望将其熟练掌握的非物质文化遗产代表性项目传承下去,但客观上已不能达成目标。对于这种情况,一方面要尊重和体谅代表性传承人,另一方面又要考虑传承发展非物质文化遗产代表性项目的客观需要。因此,对于丧失传承能力的代表性传承人,作为认定机关的文化主管部门,通常会继续保留其代表性传承人的资格,但是可以重新认定相应的非物质文化遗产代表性项目的代表性传承人。

第三十二条 县级以上人民政府应当结合实际情况,采取有效措施,组织文化主管部门和其他有关部门宣传、展示非物质文化遗产代表性项目。

【释义】本条是关于县级以上人民政府宣传、展示非物质文化遗产代表性项目义务的规定。

一、宣传、展示非物质文化遗产代表性项目是县级以上人民政府的重要职责。

政府职能主要体现在经济调节、市场监管、社会管理和公共服务等几个方面，保护非物质文化遗产正是政府行使社会管理和公共服务职能的重要体现。如果说传承非物质文化遗产代表性项目的主体是人民群众，政府主要是通过认定代表性传承人并支持其开展传承活动来起到间接作用的话，那么，对于宣传、展示非物质文化遗产代表性项目，县级以上人民政府应当主动担负起自己的职责。非物质文化遗产代表性项目，体现了中华民族优秀传统文化，具有重要的历史、文学、艺术、科学价值，是非物质文化遗产的核心和关键。做好非物质文化遗产代表性项目的宣传、展示工作，不仅能够提高人民群众保护非物质文化遗产的意识，推动非物质文化遗产融入当代社会生活，而且对于增强中华民族的文化认同、促进社会和谐发展具有重要意义。县级以上人民政府应当以高度的使命感和责任感，履行好这项社会管理和公共服务职能。

二、县级以上人民政府在非物质文化遗产代表性项目的宣传、展示中，应当充分发挥组织、领导作用，高效配置行政资源。

非物质文化遗产代表性项目的宣传、展示，涉及文化、教育、医药、民族事务等诸多行政管理部门的职能，而且与图书馆、文化馆、博物馆、科技馆、美术馆等公共文化机构，教育、学术机构，以及新闻媒体等密切相关。县级以上人民政府应当充分担负起组织和领导职责，合理、高效地配置各种行政资源，调动和发挥各部门的主动性和积极性，从人、财、物等各方面保障非物质文化遗产代表性项目宣传、展示活动的正常开展。根据本条规定,县级以上人民政府作为首要责任主体,要统一牵头组织安排非物质文化遗产代表性项目的宣传、展示,文化主管部门和其他有关部门,也要根据各自的职责范围,做好相应的工作。如,文化主管部门要对非物质文化遗产代表性项目宣传、展示活动的内容和方式等提供业务指导;教育主管部门要指导各类学校使学生了解、学习、研究非物质文化遗产代表性项目;广播影视、新闻出版等主管部门要指导新闻媒体广泛报道宣传非物质文化遗产代表性项目,等等。

三、县级以上人民政府应当采取有效措施,因地制宜地宣传、展示非物质文化遗产代表性项目。

本条强调,县级以上人民政府在宣传、展示非物质文化遗产代表性项目时,应当"结合实际情况,采取有效措施"。这是因为,非物质文化遗产都是在一定地域产生和流传的,与产生地和流传地独特的自然环境、文化传统、生活习俗、生活方式等息息相关。因此,各地县级以上人民政府开展宣传、展示活动时,应当充分发挥自身的特色和优势,因地制宜,因人而异,丰富和创新宣传、展示方式,增强非物质文化遗产代表性项目的生命力。各地在实践过程中,摸索出许多行之有效的宣传、展示非物质文化遗产代表性项目的措施,如设立一批非物质文化遗产博物馆、传习所;充分利用传统节日、文化遗产日等重要节日,组织开展展示、展演活动;充分发挥公共文化机构、艺术表演团体、教育机构、新闻媒体的积极性,不断探索群众喜闻乐见的宣传、展示方式,等等。总之,非物质文化遗产代表性项目是丰富多彩的,各级人民政府组织开展宣传、展示活动,也应当结合实际情况,不断地丰富和完善相应的形式和措施。

第三十三条 国家鼓励开展与非物质文化遗产有关的科学技术研究和非物质文化遗产保护、保存方法研究,鼓励开展非物质文化遗产的记录和非物质文化遗产代表性项目的整理、出版等活动。

【释义】本条是鼓励开展非物质文化遗产研究、记录、整理、出版活动的条款，其目的是为了调动全社会力量促进非物质文化遗产的传承和传播。

本条规定有两层含义：

一、鼓励开展与非物质文化遗产有关的科学技术研究和非物质文化遗产保护、保存方法研究。

本条规定既体现了非物质文化遗产保护、保存工作的时代特征和现实需要，同时也呼应了《保护非物质文化遗产公约》第十三条要求各缔约国"鼓励开展有效保护非物质文化遗产，特别是濒危非物质文化遗产的科学、技术和艺术研究以及方法研究"的规定。

本条规定中的"与非物质文化遗产有关的科学技术研究"，主要包括两个方面：一是与非物质文化遗产有关的人文社会科学研究，二是与非物质文化遗产有关的自然科学的研究。首先，我国非物质文化遗产资源丰富，种类繁多，涉及社会学、民族学、哲学、宗教学、人类学、民俗学等学科。从这些人文社会科学的角度对非物质文化遗产展开研究，对于充分挖掘其精神内涵，弘扬中华民族优秀传统文化意义重大。其次，我国非物质文化遗产中，有相当一部分属于传统技艺、医药和历法等，需要从自然科学的角度展开研究，这样，既有利于揭示这些非物质文化遗产的奥秘，又有利于在新的历史条件下使之得到进一步发展。

本条规定中"非物质文化遗产保护、保存方法研究"，既包括非物质文化遗产的调查、记录、建档等保存方法的研究，也包括非物质文化遗产的传承、传播等保护方法的研究。当今时代，科学技术在非物质文化遗产保护中发挥着越来越重要的作用。以非物质文化遗产的调查为例，早期，是手工记录、画图、记谱，后来有了录音技术、摄影技术、录像技术，许多老艺人的声音和形象得以呈现，许多传统技艺得以记录。新时期，又出现了数字技术、信息技术，使得调查工作的开展、资料的保存和应用变得更加便捷、高效。因此，在新的历史条件下，应当努力将科学技术研究成果转化为非物质文化遗产的保护、保存方法。第一，要以文字、录音、录像、数字化多媒体等各种方式，对非物质文化遗产进行真实、系统和全面的记录，建立档案和数据库。第二，要利用科学技术手段对那些本身就具有科学价值的非物质文化遗产项目，如中国传统医药、陶瓷制作技艺等进行深入研究、发掘，使之得到更好的传承发展。第三，要通过科学技术手段使非物质文化遗产代表性项目得以广泛传播。第四，要让科学技术为非物质文化遗产的发展注入新的活力，使之融入当代社会。

需要指出的是，高等院校、科研机构在开展科学研究方面具有得天独厚的优势，是开展非物质文化遗产有关的科学技术研究和非物质文化遗产保护、保存方法研究的中坚力量。传承非物质文化遗产项目的单位和个人对非物质文化遗产了解得最直接，也是在实践探索保护、保存非物质文化遗产有效方法的主要力量。企事业单位、社会团体和社会公众可以根据兴趣开展研究，也可以通过资助、捐赠等方式进行参与。各有关单位和个人之间要加强协作，整合资源，从而形成合力。

二、鼓励开展非物质文化遗产的记录和非物质文化遗产代表性项目的整理、出版活动。

我国历史悠久，民族众多，非物质文化遗产资源浩如烟海。为了解我国非物质文化遗产的家底，必须进行大量深入细致的调查和记录。为此，国家组织开展了几次大规模的调查。例如，1979 年开始的"十部民间文艺集成志书"编纂工程；2005 年到 2009 年在全国范围内开展的非物质文化遗产资源普查；《格萨尔》、《江格尔》、《玛纳斯》等三大少数民族史诗的整理，等等。

同时，非物质文化遗产的保存和保护是全社会共同的事业，政府不可能也不必要包揽一切，必须充分发挥社会各界保护非物质文化遗产的积极性，鼓励企事业单位、社会团体和社会民众投身到非物质文化遗产保护中来。另一方面，非物质文化遗产与人民群众的生产生活息息相关，密不可分，广大人民群众对非物质文化遗产的记录，更加准确、更加鲜活、更加生动、更加形式多样。因此，国家对非物质文化遗产的记录活动要予以充分的鼓励。

除了对非物质文化遗产进行记录外，公民、法人和其他组织对非物质文化遗产代表性项目的整理、出版等活动，也是非物质文化遗产保护工作的重要方面。这是因为，我国的非物质文化遗产浩如烟海，需要大批有志之士从事非物质文化遗产保护、保存工作，在此过程中，必然会形成一大批工作资料和研究成果，这些资料和成果，特别是非物质文化遗产代表性项目的资料和成果，是我们宝贵的文化财富，需要不断开展有关的整理和出版活动，国家对这类活动予以积极鼓励。

第三十四条 学校应当按照国务院教育主管部门的规定，开展相关的非物质文化遗产教育。

新闻媒体应当开展非物质文化遗产代表性项目的宣传，普及非物质文化遗产知识。

【释义】 本条是关于学校、新闻媒体在非物质文化遗产代表性项目传承与传播中所承担职责的规定。

人民群众是非物质文化遗产的创造者，也是传承的主体。非物质文化遗产的保护，离不开人民群众的积极参与。学校和新闻媒体应充分发挥各自优势和作用，使全社会形成尊重、保护、传承非物质文化遗产的文化自觉，营造良好的非物质文化遗产保护环境。本条主要有两方面的含义：

一、学校在非物质文化遗产教育方面所承担的职责。

这里所涉及的学校包括中小学校、职业学校、高等学校等。

非物质文化遗产要依靠后人来传承，而对中华传统文化和非物质文化遗产的感情需要逐步培养，在某种意义上，青少年的参与程度决定着非物质文化遗产的未来。教育部作为非物质文化遗产部际联席会议成员单位之一，在这方面做了很多工作，并与文化部出台了《关于在未成年人校外活动场所开展非物质文化遗产传承教育活动的通知》，单独出台了《教育部办公厅关于在中小学开展创建中华优秀文化艺术传承学校活动的通知》、《全国普通高等学校公共艺术课程指导方案》等重要文件，积极推动非物质文化遗产进课堂，进教材，进校园。

中小学校应将非物质文化遗产教育作为少年儿童素质教育的重要组成部分，提高认识，积极开展相关工作。一些地方已经取得了一定成效，如湖南湘西土家族苗族自治州的民族学校，把与本民族有关的摆手舞、鼓舞等非物质文化遗产项目纳入了常规教学中；江西兴国县教育局出版发行了《中小学生乡土教材》，在全县中小学普及兴国山歌。通过这样的举措，使学生们充分感受到了中华传统文化的价值与魅力，增强了保护和传承非物质文化遗产的责任感，同时培养了广大青少年爱祖国、爱家乡的美好情操，校园文化建设也呈现出新气象。另外，国外一些国家在这方面也实行了较为有效的举措，为我们提供了宝贵经验，如日本自2001年开始，在少年儿童音乐教育中增加了歌舞伎、文乐等传统艺术课程；韩国则规定，中小学生须入民俗村体验生活，并将此经历作为考试升学测评的重要因素。

职业学校应根据自身定位，有针对性地抓好以非物质文化遗产项目为内容的职业教育，为非物质文化遗产的传承培育后备力量。要根据非物质文化遗产项目的特点将其引入不同专业，开设相关课程，通过职业化教育，定向培育非物质文化遗产的接班人。如苏州评弹学校开设了五年制评弹专业普及班，三年后遴选优秀学生单独组成传承班，由不同风格流派的传承人亲自授课，进行一对一重点培养，取得了很好的效果。

高等学校作为培养和输送社会精英力量的基地，在开展非物质文化遗产素质教育和培养高端专业人才方面承担着重要作用。教育部《全国普通高等学校公共艺术课程指导方案》规定：各高等学校可根据本校学科建设、所在地域等教育资源的优势以及教师的特长和研究成果，开设各种具有特色的任意性选修课，如《民间艺术鉴赏》等；高等学校学生在校期间，至少要通过艺术限定性选修课程的学习取得 2 个学分，其中包括《戏曲鉴赏》等。在对大学生进行美育方面，高等学校可通过开设与非物质文化遗产相关的选修课与必修课，向学生普及非物质文化遗产知识，鼓励学生们基于自身兴趣成立非物质文化遗产项目的社团，如复旦大学古琴社、武汉大学京剧昆曲研习社等，在提高学生艺术修养的同时，也培养了广大青年热爱祖国、尊重中华传统文化的情感。在培养非物质文化遗产高端人才方面，高等学校可根据自身特点和师资力量，设立相关专业和学位。如北京建筑工程学院开设了古建筑传统艺术专业，中国艺术研究院设立了非物质文化遗产方向的硕士、博士学位。

学校在开展非物质文化遗产教育时，应注重以下几点：

（一）内容应因地制宜。

非物质文化遗产是在一定地域产生的，其特点和传承与该地域独特的自然生态环境、文化传统、宗教信仰、生产生活状况及日常习俗息息相关。因此，学校在非物质文化遗产教育内容的选择上，应注重因地制宜、就地取材，这样既能借助青少年对本土文化的感性认识，又能利用当地现有的人才资源。

（二）根据非物质文化遗产项目自身特点，融入不同的教育课程。

我国非物质文化遗产种类繁多，各具特色，学校可以根据具体项目的特点，分门别类地融入现有的课程中。如陕西安塞县的中小学将"陕北民歌"纳入音乐课,"安塞腰鼓"纳入体育课;吉林通化师范学院将"满族剪纸"列为美术系必修课。

(三)邀请非物质文化遗产专家或传承人参与学校教材的编写。

非物质文化遗产教材是培训的基础,要特别重视教材编写的质量。教育主管部门应与文化主管部门加强合作,组织非物质文化遗产专家或传承人参与教材编写工作,使其既能体现非物质文化遗产项目的本真性与精髓,又符合各年龄阶段学生特点和接受能力。

(四)充分依托社会资源,扩展非物质文化遗产教育的途径。

学校开展非物质文化遗产教育要充分调动社会力量的参与。如学校可以利用非物质文化遗产博物馆、传习所、文化馆、图书馆、科技馆等公共文化机构和传统艺术演出团体,组织学生进行非物质文化遗产社会教育;可以邀请非物质文化遗产代表性项目传承人进学校办讲座、当老师,对学生进行直接教育等。

二、新闻媒体在开展非物质文化遗产代表性项目宣传中所承担的职责。

这里所涉及的新闻媒体包括以报刊、广播、电视为代表的传统媒体和新技术支撑体系下的新媒体,如网络、数字移动媒体等。

新闻媒体应充分发挥自身优势,通过丰富的渠道、充实的内容和深入的报道宣传,启发引导公众热爱中华传统文化,倡导非物质文化遗产依法保护、人人有责的理念,营造全社会共同关心支持非物质文化遗产代表性项目传承与传播的良好氛围,提高公众的文化自觉,增强全民族文化认同。

(一)宣传内容。

新闻媒体在非物质文化遗产代表性项目宣传过程中,应重点宣传如下内容:宣传非物质文化遗产保护的法律法规;宣传抢救保护非物质文化遗产代表性项目的紧迫性；宣传展示非物质文化遗产代表性项目、代表性传承人的传承活动；及时发布非物质文化遗产代表性项目保护、传承的动态信息；宣传非物质文化遗产代表性项目保护、传承中的先进经验、典型事迹和优秀代表性传承人等。

（二）宣传方式。

新闻媒体要充分发挥传播迅速、影响广泛、导向性强的特点，根据自身条件开展不同方式的宣传活动。可以通过开设专题、专栏、即时报道等形式，也可以发挥网络访谈、直播等独特作用，广泛宣传、展示非物质文化遗产代表性项目。要重视博客、数字移动媒体等新平台的运用，提高针对性和有效性。要特别注重结合每年的"文化遗产日"，组织策划一系列有声势、有影响、有深度的非物质文化遗产代表性项目宣传活动。

（三）宣传要点。

非物质文化遗产与一般艺术形式不同的是，它承载着我们中华民族的历史记忆、民族基因、智慧和情感，在宣传过程中，应多角度、多层次地充分体现非物质文化遗产代表性项目的文化内涵，比如其形成的渊源、发展中的人文背景等。以年画为例，它的文化内涵包括制作工艺及传统、年画风俗演变、内容的变迁等，而不同地域、不同人群又赋予了不同的寓意。如果仅仅进行表面形式的宣传，就难以体现非物质文化遗产代表性项目的深厚内涵和独特魅力。

第三十五条　图书馆、文化馆、博物馆、科技馆等公共文化机构和非物质文化遗产学术研究机构、保护机构以及利用财政性资金举办的文艺表演团体、演出场所经营单位等，应当根据各自业务范围，开展非物质文化遗产的整理、研究、学术交流和非物质文化遗产代表性项目的宣传、展示。

【释义】本条对公共文化机构、非物质文化遗产学术研究机构、保护机构以及利用财政性资金举办的文艺表演团体、演出场所经营单位等有关机构在传承与传播非物质文化遗产工作中所应承担的义务做了规定。本法条有以下四方面含义：

一、公共文化机构在传承与传播非物质文化遗产中的职责。

公共文化机构是指面向公众，专门提供公共文化服务的社会机构，主要包括图书馆、文化馆、群众艺术馆、博物馆、科技馆、美术馆等。作为专门提供公共文化服务的部门，公共文化机构担负着传承与传播非物质文化遗产的重要职责，要充分挖掘和展示非物质文化遗产的深厚价值，不断提高广大人民群众的非物质文化遗产保护意识。图书馆、文化馆、群众艺术馆应积极搜集、整理和保存非物质文化遗产有关实物和资料，通过展览、讲座等多种方式普及非物质文化遗产知识，通过组织举办展演、展示活动，扩大社会影响，调动代表性传承人和社会公众积极性，促进非物质文化遗产代表性项目的传承与传播。博物馆、科技馆、美术馆应该积极开展非物质文化遗产珍贵历史实物、代表性项目代表性传承人优秀作品的收集、整理、研究和展览展示，为非物质文化遗产代表性项目的宣传提供空间。

二、非物质文化遗产学术研究机构在传承与传播非物质文化遗产中的职责。

非物质文化遗产学术研究机构是指从事非物质文化遗产相关研究的专业科研机构，主要包括各级文化艺术研究院、研究所，以及其他从事非物质文化遗产研究的科研单位、高等院校等。这些机构拥有实力雄厚的专业科研队伍，要积极研究非物质文化遗产，努力取得学术成果，并积极指导非物质文化遗产保护的实践工作；要积极开展非物质文化遗产学术交流，不断提高非物质文化遗产研究能力和研究水平；要积极宣传非物质文化遗产保护知识，推动非物质文化遗产的科学保护；要积极提供智力支持，协助各级政府和文化主管部门制定符合中国国情的非物质文化遗产保护政策和措施。非物质文化遗产研究机构要和其他部门一起，共同推动非物质文化遗产保护事业的健康发展。

三、非物质文化遗产保护机构在传承与传播非物质文化遗产中的职责。

非物质文化遗产保护机构是指专门从事非物质文化遗产保护的工作机构，主要包括各级非物质文化遗产保护中心和非物质文化遗产代表性项目的保护单位。非物质文化遗产保护中心是经政府批准设立的专门从事非物质文化遗产保护的机构，在各级文化主管部门的领导下开展工作。目前，在国家层面已经设立了中国非物质文化遗产保护中心，同时全国已有省级非物质文化遗产保护中心30个，一些市、县也建立了本级非物质文化遗产保护中心。各级非物质文化遗产保护中心在文化主管部门的领导下，要积极做好当地非物质文化遗产保护的各项工作。要定期开展非物质文化遗产调查，努力摸清家底，随时掌握非物质文化遗产，尤其是代表性项目的生存发展状况；要积极组织开展非物质文化遗产的保存工作，全面记录非物质文化遗产的完整信息，对濒危项目要立即组织开展抢救性记录，避免人亡艺绝、人走歌息的情况的出现；要为非物质文化遗产代表性项目的传承提供各种必要的条件，如提供传承场所、协助购买必备的传承工具或设备、协助招收学徒等；要努力开展非物质文化遗产宣传工作，通过开展社会培训、举办宣传活动等多种方式，普及非物质文化遗产保护知识，提高非物质文化遗产保护意识。

非物质文化遗产代表性项目的保护单位是非物质文化遗产代表性项目最重要的保护主体，直接关系到代表性项目保护的成效。保护单位要认真制定保护规划，全面落实保护规划的各项计划和保护措施；要为代表性传承人开展传承工作提供必要的场所和条件，保证传承工作的顺利开展；要全面记录、整理和保存非物质文化遗产代表性项目的完整资料和信息，要收集并妥善保存非物质文化遗产代表性项目的珍贵实物和代表性传承人的优秀作品，防止实物资料的流失；要服从文化主管部门的管理和监督，积极参加文化主管部门组织的各种宣传活动。

四、利用财政性资金举办的文艺表演团体、演出场所经营单位在传承与传播非物质文化遗产中的职责。

利用财政性资金举办的文艺表演团体和演出场所经营单位是非物质文化遗产传承与传播的重要阵地，在弘扬优秀传统文化方面负有义不容辞的责任，这些单位要积极开展非物质文化遗产代表性项目的传承、宣传和展示。文艺表演团体要借助文艺表演，以人民群众喜闻乐见的方式，宣传非物质文化遗产知识，提高非物质文化遗产保护意识；一些传统艺术表演团体，本身就是非物质文化遗产中传统戏剧、曲艺、杂技等传统表演艺术类代表性项目的保护单位，这些表演团体一方面要做好非物质文化遗产的宣传传播工作，同时也要做好非物质文化遗产的传承工作，努力扩大非物质文化遗产代表性项目的受众面和影响力。演出场所经营单位要为文艺表演团体传承与传播非物质文化遗产代表性项目提供场地支持，并积极做好演出活动的宣传工作。

第三十六条 国家鼓励和支持公民、法人和其他组织依法设立非物质文化遗产展示场所和传承场所，展示和传承非物质文化遗产代表性项目。

【释义】本条是关于国家鼓励和支持公民、法人和其他组织设立非物质文化遗产展示场所和传承场所的规定。本条规定有两方面的含义：

一、设立非物质文化遗产展示场所和传承场所的重要性及紧迫性。

非物质文化遗产展示场所和传承场所是指专门用于非物质文化遗产展示、传承的场地和设施。由于非物质文化遗产项目形式多样，对展示和传承场所的需求各不相同，因此法条对展示场所和传承场所没有规定统一的标准,可以是专门设立的非物质文化遗产展示馆、传习所、专题博物馆、民俗博物馆等,也可以是在企事业单位设立的相对独立的展厅、展室等。

展示场所和传承场所是非物质文化遗产保护工作中必不可少的重要组成部分。非物质文化遗产代表性项目的演出、展示、生产实践,传承人授徒讲课,都需要一定的场所和空间。这些场所和空间对于整理、保存非物质文化遗产珍贵实物资料,集中展示、宣传非物质文化遗产代表性项目,开展社会教育,促进非物质文化遗产的保护与传承等均能起到积极作用。《保护非物质文化遗产公约》对于设立非物质文化遗产场所也有明确规定,它要求缔约国应当"促进建立或加强培训管理非物质文化遗产的机构以及通过为这种遗产提供活动和表现的场所和空间,促进这种遗产的传承"。该条文也是履行《保护非物质文化遗产公约》此项规定的具体体现。

非物质文化遗产展示场所和传承场所的作用巨大,但是其现状与非物质文化遗产保护、保存和传承的实际需要相比还有很大差距。随着城市化进程的加快,许多原有的非物质文化遗产活动场所已经消失或被破坏,与丰富的非物质文化遗产资源相比,我国非物质文化遗产保护、保存基础设施还非常短缺,现有的设施也大多面积狭小,设备陈旧落后,总体建设水平较低。很多非物质文化遗产代表性项目缺乏向社会展示的场地,很多代表性传承人没有相对稳定的传习场所。

二、国家对公民、法人和其他组织设立非物质文化遗产展示场所和传承场所的鼓励支持措施。

非物质文化遗产是中华民族共有的宝贵精神财富,保护与传承它的主体是广大人民群众。非物质文化遗产的保护与传承既需要政府的主导,也离不开社会的广泛参与,需要动员各方面力量进行扶持和帮助。因此,国家鼓励公民、法人和其他组织依法设立非物质文化遗产展示场所和传承场所。这是对我国非物质文化遗产保护基础设施建设的一个重要补充，也是整个非物质文化遗产保护、保存体系的重要组成部分。需要指出的是，这是一条鼓励性措施，并非强制性要求。这种鼓励措施可以体现在以下方面：

（一）营造良好环境，保障健康发展。

民政、财政、国土资源、住房和城乡建设、文化、税务、文物等行政部门和行业组织要加强协调，形成合力，对公民、法人和其他组织在设立非物质文化遗产展示场所和传承场所过程中遇到的具体问题和困难，给予必要的关注，及时帮助解决，保障其健康发展。在融资、用地、税收等方面给予积极支持。有条件的地区可以采取民办公助、公建民营等形式，建立政府的资助机制，如浙江宁波，政府按照民办博物馆的建筑面积给予一定资金补助。可以利用布局结构调整后闲置的房产，支持公民、法人和其他组织设立非物质文化遗产展示场所和传承场所，为其提供场地和基础设施运行保障。鼓励企业、事业单位、社会团体以及个人等社会力量提供捐赠。公民、法人和其他组织设立非物质文化遗产展示场所和传承场所在接收捐赠、门票收入、非营利性收入等方面，可按照现行税法规定享受有关优惠政策。

（二）进行专业指导，给予业务扶持。

文化文物主管部门在行业准入、等级评定、人员职称评定、科研活动、陈列展览、合作、奖励等方面，对公民、法人和其他组织设立的非物质文化遗产展示场所和传承场所进行支持。支持其开展人员培训，通过组织开展管理、展示宣教、讲解等业务培训班，推动其提升管理服务水平，推动志愿者队伍参与其服务建设。鼓励国有非物质文化遗产展示和传承场所对其进行业务帮扶。

（三）支持开展宣传，扩大社会影响。

文化文物主管部门要充分利用广播、电视、报纸、网络等媒体，宣传国家鼓励和支持公民、法人和其他组织设立非物质文化遗产展示场所和传承场所的方针政策，宣传其在非物质文化遗产保护事业中的重要作用。同时，支持对其开展的展示、传承活动进行宣传，扩大社会影响。对公民、法人和其他组织设立非物质文化遗产展示场所和传承场所表现突出的，要给予表彰。

另外需要特别说明，本法条明确规定，公民、法人和其他组织设立非物质文化遗产展示场所和传承场所要"依法"进行。应当按照有关法律法规认真履行申报、建设、运营等手续，并接受文化主管部门的指导。

第三十七条　国家鼓励和支持发挥非物质文化遗产资源的特殊优势，在有效保护的基础上，合理利用非物质文化遗产代表性项目开发具有地方、民族特色和市场潜力的文化产品和文化服务。

开发利用非物质文化遗产代表性项目的，应当支持代表性传承人开展传承活动，保护属于该项目组成部分的实物和场所。

县级以上地方人民政府应当对合理利用非物质文化遗产代表性项目的单位予以扶持。单位合理利用非物质文化遗产代表性项目的，依法享受国家规定的税收优惠。

【释义】本条是对合理利用非物质文化遗产代表性项目开发文化产品和文化服务，促进非物质文化遗产传承传播而做出的相关规定。

合理利用非物质文化遗产代表性项目具有重要意义，使非物质文化遗产在生产实践中得到积极保护，实现非物质文化遗产保护与经济社会协调发展的良性互动。合理利用非物质文化遗产代表性项目，创新非物质文化遗产保护方式，增强了非物质文化遗产的生命力和活力，既传承了文化，也为拉动内需，扩大就业发挥了重要作用。

开展非物质文化遗产生产性保护是传承发展非物质文化遗产的重要方式。我国许多非物质文化遗产之所以能够流传下来，就是在长期的生产实践过程中，不断改进和发展起来的，具有旺盛的生命力。如传统丝织技艺、宣纸制作技艺、瓷器烧制技艺等项目，本身具有一定的市场潜力，已经形成了一批有实力的企业，完全可以在生产实践中进行保护。在保护这些项目本真性和核心技艺的前提下，通过合理利用，不仅可以为保护提供更多的资金来源，而且可以在市场环境中更好地推动这些项目的传承发展，充分发挥社会效益和经济效益。

合理利用非物质文化遗产代表性项目，充分发挥非物质文化遗产优势，开发具有鲜明的地方、民族特色的文化产品和文化服务，挖掘市场潜力，不仅可以增强非物质文化遗产的生命力和活力，推动非物质文化遗产融入当代社会、融入生产生活；也能够让当地的传承人和群众获得经济收益，提高他们的传承积极性，为非物质文化遗产保护和传承奠定持久、深厚的基础；同时，可以促进地方经济结构调整和经济发展，满足人民群众多样化的精神文化需求。

综上所述，在保持非物质文化遗产代表性项目的真实性、整体性和传承性的前提下，在做好有效保护工作的基础上，可以合理利用非物质文化遗产资源，主要包含了三方面的含义：

一、正确理解和把握合理利用非物质文化遗产代表性项目的内涵。

据第一次全国非物质文化遗产普查统计，我国的非物质文化遗产总量近 87 万项，涉及口头文学、表演艺术、传统技艺、传统知识、民俗等众多类别，具有认识历史、传承文化、愉悦心灵、教育社会、经济开发等众多价值。非物质文化遗产具有独特优势：它是民族的历史记忆和生命基因，是文化发展的重要源泉和基础；它来源并存在于人民群众的生产生活实践，无论在价值观念上还是在艺术形式上都为广大民众所喜闻乐见，是真正的民众文化；它主要通过口传心授等形式进行传承，充分发挥人的主观能动性，充分展现人的精湛技艺和创造力；它在长期的历史进程中，不断衍生变化，又一脉相承。

正因非物质文化遗产具有上述价值和特殊优势，对于塑造民族性格，延续和传承中华文脉，增强文化软实力，发展地方手工业，促进经济社会全面协调可持续发展，具有重大的意义。对非物质文化遗产进行合理利用和适度开发，符合非物质文化遗产保护传承规律。

非物质文化遗产"保护为主、抢救第一、合理利用、传承发展"的工作方针深刻阐明了保护和利用的关系，保护与抢救是前提，是基础，对非物质文化遗产代表性项目进行开发利用，要特别注意"保护为主"，从以下三个方面入手：首先，要对非物质文化遗产项目认真研究，考察非物质文化遗产项目的市场潜力和发展环境，防止一哄而上，盲目发展。其次，开展生产性保护，要防止以假乱真、粗制滥造等破坏非物质文化遗产项目的违法行为。第三，利用非物质文化遗产代表性项目进行创作、改编、出版、表演、展示、产品开发、旅游等活动，应当充分尊重并珍视非物质文化遗产代表性项目的真实性，遵循其自身发展规律，保护好它的形式和核心内涵，避免对其进行肢解和歪曲。本法第五条对使用非物质文化遗产也做了明确规定：应当尊重其形式和内涵。禁止以歪曲、贬损等方式使用非物质文化遗产。

在开发和利用过程中，要把握好度，增加非物质文化遗产产品和服务的个性魅力和文化价值，不能为追逐经济利益而进行盲目、破坏性开发，防止在市场利益的驱动下，用现代机器和科技进行批量复制，搞假冒伪劣。

二、开发利用非物质文化遗产代表性项目的前提和要求。

为了有效保护非物质文化遗产，各级政府、公民、法人和其他组织在开发利用非物质文化遗产代表性项目过程中，要将支持代表性传承人开展传承活动放在首位，如资助传承人授徒传艺或教育培训活动；提供必要的传习场所；资助有关资料的整理、出版；提供展示、宣传及其他有利于项目传承的帮助等。

保护非物质文化遗产实物和场所是非物质文化遗产整体性保护理念的重要体现。与传统文化表现形式相关的实物和场所是非物质文化遗产的重要组成部分，是非物质文化遗产的重要载体及展示空间，具有不可再生性。这些实物和场所一旦遭受破坏，非物质文化遗产的真实性和完整性将不复存在，因此在开发利用的过程中，要注意征集非物质文化遗产珍贵实物并予以妥善保存，注意保护属于非物质文化遗产重要组成部分的实物和场所，如造成破坏的，要承担相应的法律责任。

三、国家鼓励和支持合理利用非物质文化遗产的政策和措施。

为鼓励和支持非物质文化遗产代表性项目的合理利用，本法条列举了两条政策措施。

（一）县级以上地方人民政府应当对合理利用非物质文化遗产代表性项目的单位予以扶持。

我国经济社会高速发展，在全球化、现代化、商业化的冲击下，人民群众消费观念、消费方式发生了很大变化，非物质文化遗产的生存环境逐渐受到破坏，一些非物质文化遗产文化服务逐渐被流行文化所挤压，非物质文化遗产产品精湛的手工雕琢和创意逐渐被批量化的机器生产所替代，许多手工技艺和品种后继乏人。非物质文化遗产文化产品和服务除具有普通商品的属性外，还承载着中华民族的历史记忆、生命基因和情感智慧，需要我们倍加珍惜和呵护。政府应当对合理利用非物质文化遗产代表性项目予以支持，可采取以下几种方式：根据情况，为其在基础设施建设与投入方面提供便利，如提供技艺传习、作品展览、商品销售场所；给予贷款贴息、项目补贴、政府采购、补充资本金等支持；加大金融支持，鼓励金融机构加大支持力度，积极鼓励开发相关贷款担保业务品种。

（二）单位合理利用非物质文化遗产代表性项目的，依法享受国家规定的税收优惠。

目前文化领域的税收优惠政策主要集中在鼓励公益性捐赠、推进文化体制改革、促进文化产业发展等方面。对于合理利用非物质文化遗产代表性项目的单位，可根据自身情况，在符合相应标准后，依照有关税收方面的法律规定享受国家有关优惠政策，通常包括：（1）设立文化企业所得税的优惠；（2）文化企业营业税的减免优惠；（3）对利用非物质文化遗产代表性项目生产的文化产品出口的税收优惠；（4）企业、事业单位、公民和其他组织在非物质文化遗产保护、研究等方面的经费投入的税收优惠。

另外，一些少数民族非物质文化遗产代表性项目进行合理开发利用的，可参照国家民委、财政部、中国人民银行等联合制定的政策。如对全国少数民族特需商品定点生产企业的正常流动资金贷款利率实行月息低 2.4 厘的优惠政策；对全国少数民族特需商品定点生产企业技术改造予以支持，贷款利息补贴由中央财政和地方财政各负担一半；制定了扶持民族特需商品重点生产企业财政资金补助政策。

符合相关规定的单位还可享受其他税收优惠：按文化产业最低税率缴纳税费；适用于小规模纳税人缴纳 3% 增值税；减半或免征企业所得税；免征城镇土地使用税、契税等。

合理利用非物质文化遗产代表性项目的单位可根据实际情况，符合相应条件后，享受相应的税收优惠。各级政府文化部门应积极协助合理利用非物质文化遗产代表性项目的单位取得相关部门的认可，并开展调研，与相关部门一起研究制定合理利用非物质文化遗产代表性项目的税收优惠政策。

第五章 法律责任

【本章提要】 法律责任，是指因违反了法定义务，或不当行使法定权利、权力所产生的，由行为人承担的不利后果。本章规定了公民、法人和其他组织，文化主管部门、有关部门及其工作人员等违反了本法的有关规定所应当承担的法律责任，包括行政责任、民事责任和刑事责任。

第三十八条 文化主管部门和其他有关部门的工作人员在非物质文化遗产保护、保存工作中玩忽职守、滥用职权、徇私舞弊的，依法给予处分。

【释义】 本条是关于国家工作人员在非物质文化遗产保护、保存工作中渎职的法律责任的规定。

本条规定的责任主体，除了文化主管部门的工作人员外，还包括其他有关部门的工作人员。本法第七条规定："县级以上人民政府其他有关部门在各自职责范围内，负责有关非物质文化遗产的保护、保存工作。"非物质文化遗产的保护、保存工作不仅是文化主管部门的职责，还涉及中医药、工业和信息化、体育、建设等主管部门，这些部门也要依法履行好各自的职责，做好与非物质文化遗产保护、保存有关的工作，否则也要依法承担相应的法律责任。因此，本条表述的责任主体为文化主管部门工作人员和其他有关部门的工作人员。

本法明确规定了有关责任主体在非物质文化遗产保护、保存工作中的职责，如"县级以上人民政府应当加强对非物质文化遗产保护工作的宣传，提高全社会保护非物质文化遗产的意识"，"县级以上人民政府根据非物质文化遗产保护、保存工作需要，组织非物质文化遗产调查"，"对通过调查或者其他途径发现的濒临消失的非物质文化遗产项目，县级人民政府文化主管部门应当立即予以记录并收集有关实物，或者采取其他抢救性保存措施；

对需要传承的，应当采取有效措施支持传承"等。如果文化主管部门和其他有关部门的工作人员没有依法履行法定的职责，滥用职权、玩忽职守、徇私舞弊的，要依法承担相应的法律责任。

一、本条规定的违法情形。本条规定的违法情形有三种：滥用职权、玩忽职守、徇私舞弊。

（一）滥用职权。

是指国家机关工作人员故意超过职权范围行使职权或者不适当地行使职权，致使公共财产、国家和人民利益遭受损失的违法行为。文化主管部门和其他有关部门的工作人员违反本法，滥用职权的行为，主要指在非物质文化遗产保护、保存工作中超越法律、法规所赋予的职权范围去行使职权；或者不适当地行使职权，造成危害后果的违法行为。如未征得调查对象的同意即实施非物质文化遗产调查，即属于滥用职权的违法行为。

（二）玩忽职守。

是指国家工作人员不履行或者不正确履行法律所赋予的职责，构成违法失职行为，致使公共财产、国家和人民利益受到损失的行为。文化主管部门和其他有关部门的工作人员在非物质文化遗产保护、保存工作中玩忽职守的行为，主要表现为对工作极端不负责任，对依法承担的非物质文化遗产保护、保存工作职责不予履行，如未按照规定对濒临消失的非物质文化遗产项目采取抢救性保存措施，致使属于非物质文化遗产组成部分的珍贵实物或者场所被破坏，即属于玩忽职守的违法行为。

（三）徇私舞弊。

是指为徇个人私利或亲友私情，不按照法律、法规规定办事，使国家和人民利益受到损失的行为。文化主管部门和其他有关部门的工作人员在非物质文化遗产保护、保存工作中徇私舞弊的行为，主要表现为徇私枉法，出于贪赃、报复或者袒护亲友的目的而产生的失职、渎职行为。

二、关于处分。文化主管部门和其他有关部门的工作人员滥用职权、玩忽职守、徇私舞弊，不构成犯罪的，要对直接负责的主管人员和其他直接责任人员依法给予处分。

处分是指行政机关内部，上级对有隶属关系的下级违反纪律的行为或者对尚未构成犯罪的轻微违法行为所给予的纪律制裁。公务员法对处分的适用情节、种类及程序做出了明确的规定，是对公务员实施处分的主要法律依据。根据公务员法的规定，处分的种类有六种，从轻到重依次为警告、记过、记大过、降级、撤职、开除。1. 警告。有提醒注意，不致再犯的意思，属于申诫处分。警告可以是口头的，也可以是书面的，由处分机关选择适用。警告一般适用于轻微的行政违法行为，是处分中最轻的一种。根据公务员法的规定，公务员受警告处分期间，可以晋升工资档次，但不得晋升职务和级别。2. 记过、记大过。这是两种程度有所区别的处分。一般来说，记过、记大过适用于公务员的行为违反了法律、法规的规定，给国家和人民造成了一定的损失，给予警告处分过轻，给予降级处分过重的情况。3. 降级。降级的含义是降低公务员的级别。给予公务员降级处分，一般降低一个级别，如果本人级别为最低级的，可给予记大过处分。4. 撤职。公务员的行政违法行为，给国家和人民利益造成重大损失，不适合继续担任原职务的，可以给予撤职处分。受撤职处分期间，不得晋升工资和级别，并且不能晋升工资档次。5. 开除。开除是指受处分人不适合继续在国家机关工作，国家机关取消其公务员资格令其离开的处分形式。开除是最严厉的一种处分，适用于公务员犯有违法行为，给国家和人民造成了极其严重的损失，丧失了国家公务员资格的情况，开除的处分不能解除。

根据公务员法的规定，公务员受开除以外的处分，在受处分期间有悔改表现，并且没有再发生违纪行为的，处分期满后由原处分决定机关解除处分。但是，解除降级、撤职处分不视为恢复原级别、原职务。解除处分后，晋升职务、级别和工资档次不再受处分的影响。处分决定和解除处分的决定应当以书面形式通知本人。

  第三十九条　文化主管部门和其他有关部门的工作人员进行非物质文化遗产调查时侵犯调查对象风俗习惯，造成严重后果的，依法给予处分。

  【释义】本条是关于有关国家工作人员在非物质文化遗产调查中侵犯调查对象风俗习惯，造成严重后果的所应承担法律责任的规定。

  进行非物质文化遗产调查是文化主管部门和其他有关部门的职责和权力。县级以上人民政府根据非物质文化遗产保护、保存工作需要，组织非物质文化遗产调查。非物质文化遗产调查由文化主管部门负责进行，县级以上人民政府其他有关部门可以对其工作领域内的非物质文化遗产进行调查。我国许多非物质文化遗产分布在少数民族地区，因此在少数民族地区进行非物质文化遗产调查时，应当注意尊重当地的风俗习惯。为了防止文化主管部门和其他有关部门滥用职权，本法对其行使调查权做了一些禁止性规定，本法第十六条规定，进行非物质文化遗产调查，应当尊重其风俗习惯，不得损害其合法权益。

  风俗习惯是各民族在其历史发展过程中相沿以传的生活方式，主要表现在饮食、服饰、居住、婚姻、丧葬、节庆、礼节、禁忌、喜好等诸多方面。民族地区的风俗习惯，反映着一个民族的共同心理情感，是民族特点的重要组成部分，也是一个民族区别于另一个民族的重要标志之一。尊重少数民族风俗习惯，是党和国家民族政策的重要组成部分，是民族平等和民族团结的重要内容。每个民族的群众对自己民族的风俗习惯都有深厚的感情，都认为对民族风俗习惯的尊重，就是对民族的尊重。只有充分尊重少数民族风俗习惯，才能增进各民族间的相互信任、和睦相处,才能建立平等、团结、互助的社会主义民族关系,也才能够维护国家的安定和社会的稳定。

侵犯风俗习惯的行为,一般有以下几种:第一,不尊重调查对象的服饰习惯。许多少数民族的穿着装饰都有自己独特的习惯和特殊要求,对于这方面的习俗,在进行非物质文化遗产调查时要给予尊重。第二,不尊重调查对象的饮食习惯。我国各民族在饮食习惯上都有自己的特点,尤其是回、维吾尔、哈萨克、柯尔克孜、塔吉克、塔塔尔、乌孜别克、东乡、撒拉、保安10个信仰伊斯兰教、食用清真食品的民族,在进行调查期间要特别注意,避免冒犯。第三,不尊重调查对象的礼仪习惯。各民族大多都有自己的礼仪习惯,甚至在同一待人接物事情上有截然相反的风俗习惯,对于各民族的特殊礼仪,必须予以尊重。

侵犯民族地区的风俗习惯,有损民族团结。每个民族对自己的风俗习惯都有着深厚的感情,他们往往把其他民族对本民族风俗习惯的尊重,看做是对本民族的尊重,把对本民族风俗习惯的轻视,看做是对本民族的歧视。少数民族风俗习惯是民族文化的重要组成部分,许多民族往往通过自己的风俗习惯来保存和发展自己民族的文化艺术。正是由于民族风俗习惯上的千差万别,构成了民族文化的多彩多姿,使文化艺术的内容和形式具有鲜明的民族特色。

有一点需要注意,我国的公民、法人和其他组织进行非物质文化遗产调查,以及境外组织或者个人在我国境内进行非物质文化遗产调查时违反本法第十六条规定,侵犯调查对象风俗习惯的,还应当承担民事侵权责任。

第四十条 违反本法规定,破坏属于非物质文化遗产组成部分的实物和场所的,依法承担民事责任;构成违反治安管理行为的,依法给予治安管理处罚。

【释义】本条是关于破坏非物质文化遗产组成部分的实物和

场所法律责任的规定。

与传统文化表现形式相关的实物和场所是非物质文化遗产的重要载体和重要组成部分，如果遭到破坏，将直接影响到非物质文化遗产的保存和保护。近些年来，有些非物质文化遗产的实物和场所受到不法破坏的现象时有发生，造成了很大损失。因此，对这类违法行为有必要依法予以制裁。

一、本条规定的违法行为。

本法第二条规定："本法所称非物质文化遗产，是指各族人民世代相传并视为其文化遗产组成部分的各种传统文化表现形式，以及与传统文化表现形式相关的实物和场所。""实物"具体包括与"传统美术、书法、音乐、舞蹈、戏剧、曲艺和杂技"相关的工具、用具、服装行头、乐器、曲谱等，与"传统技艺、医药和历法"相关的工具、产品等，与"传统体育和游艺"相关的工具、用具、道具等。"场所"，主要指与传统文化表现形式相关的文化空间，及定期举行传统文化活动或集中展现传统文化表现形式的场所，兼具空间性和时间性，主要包括与民俗、传统体育、游艺和杂技相关的场所。

二、本条规定的法律责任。

（一）民事责任。民事责任，是根据民法的规定，公民或法人在违反自己的民事义务或侵犯他人的民事权利时所应当承担的法律后果。

构成民事责任的条件包括损害事实、违法行为、因果关系、主观过错。民事责任分为违反合同的民事责任和侵权的民事责任。本条规定的民事责任，主要是指由于违法行为人的原因，造成非物质文化遗产组成部分的实物和场所遭到破坏，给国家造成损失所应当承担的责任，属于侵权的民事责任。侵权民事责任主要是一种财产责任，它以财产赔偿的方式制裁致害人，从而补偿损失。

依照侵权责任法的规定，承担侵权责任的方式包括：一是停止侵害；二是排除妨碍；三是消除危险；四是返还财产；五是恢复原状；六是赔偿损失；七是赔礼道歉；八是消除影响、恢复名誉。以上承担侵权责任的方式，可以单独适用，也可以合并适用。

（二）治安管理处罚。

治安管理处罚是指对违反治安管理处罚法，但尚不构成刑事处罚的行为人实施的处罚，是指公安机关以国家的名义，依法强制剥夺违反治安管理行为人的人身自由、名誉、财产或者其他权利的法律制裁行为。治安管理处罚是一种行政处罚，是国家治安行政管理的一种重要手段。

根据治安管理处罚法的规定，治安管理处罚的种类分为四种：警告、罚款、行政拘留、吊销公安机关发放的许可证。另外，对违反治安管理的外国人，可以附加适用限期出境或者驱逐出境。1. 警告。属于申诫罚，是行政机关向行为人发出警戒，申明其有违法行为，通过对其名誉、荣誉、信誉等施加影响，引起其精神上的警惕，使其不再违法的处罚形式。一般适用于那些违法行为较轻、对社会危害程度不大的行为。既可以单独使用，也可以与其他处罚方式同时适用。2. 罚款，是一种财产罚，指有行政处罚权的行政机关依法强制违反行政管理法规的行为人，限令其在一定期限内缴纳一定数量金钱的行政处罚，是一种适用范围比较广泛的行政处罚。3. 行政拘留。属于人身罚，是指公安机关依法对违反行政法律的行为人，在短期内限制其人身自由的一种处罚，是治安管理处罚措施中最严厉的一种。一般适用于严重违反治安管理规范的行为人，并且只有在警告、罚款处罚的适用不足以惩戒违法者时才适用。拘留期限一般为五至十五日。4. 吊销公安机关发放的许可证。吊销许可证属于行为罚，是限制或剥夺行政违法者某些特定行为能力或资格的处罚。吊销许可证,是指剥夺违法者从事某项活动的权利或资格的处罚形式。吊销公安机关发放的许可证的特点在于撤销相对人的凭证,终止其继续从事该凭证所允许活动的资格。

对违反治安管理的外国人,可以附加适用限期出境或者驱逐出境的处罚。如果外国人在中国违反了治安管理的有关法律,公安机关就可以对其做出行政处罚。外国人在我国境内违法,除享有外交特权和豁免权的通过外交途径解决外,一律适用我国法律。如果违法的外国人继续居留我国境内有害于国家和人民的利益,我国公安机关可以做出附加适用限期出境或者驱逐出境的处罚。限期出境是指有关机关要求外国人在规定的期限内离开本国国境的处罚方法,驱逐出境是指强迫违法的外国人离开本国国境的处罚方法,这两种处罚方法适用的对象主要是不具有本国国籍的外国人。限期出境和驱逐出境不是独立的治安处罚措施,而是作为附加措施与其他种类的处罚方式并用。

如果破坏非物质文化遗产组成部分的实物和场所的行为,构成违反治安管理行为的,即按照治安管理处罚法的规定,给予警告、罚款、行政拘留或吊销公安机关发放的许可证的处罚。

第四十一条 境外组织违反本法第十五条规定的,由文化主管部门责令改正,给予警告,没收违法所得及调查中取得的实物、资料;情节严重的,并处十万元以上五十万元以下的罚款。

境外个人违反本法第十五条第一款规定的,由文化主管部门责令改正,给予警告,没收违法所得及调查中取得的实物、资料;情节严重的,并处一万元以上五万元以下的罚款。

【释义】本条是关于境外组织或者个人违法进行非物质文化遗产调查所应承担法律责任的规定。

为了保护我国非物质文化遗产,文化主管部门发现境外组织或者个人未经文化主管部门批准在中国境内进行非物质文化遗产调查的,调查在两个以上省、自治区、直辖市行政区域进行时未报经国务院文化主管部门批准的，调查结束后未依法提交调查报告和调查中取得的实物图片和资料复制件的，境外组织在中国境内进行非物质文化遗产调查未与境内非物质文化遗产学术研究机构合作进行的，可以依照本条规定追究其法律责任。

一、本条规定的违法行为。

（一）境外组织违反本法第十五条规定的。

根据本法第十五条的规定，境外组织在中华人民共和国境内进行非物质文化遗产调查，应当报经省、自治区、直辖市人民政府文化主管部门批准；调查在两个以上省、自治区、直辖市行政区域进行的，应当报经国务院文化主管部门批准；调查结束后，应当向批准调查的文化主管部门提交调查报告和调查中取得的实物图片、资料复制件。境外组织在中华人民共和国境内进行非物质文化遗产调查，应当与境内非物质文化遗产学术研究机构合作进行。境外组织如果未按照以上要求进行非物质文化遗产调查的，要依法承担相应的法律责任。

（二）境外个人违反本法第十五条第一款规定的。

根据本法第十五条第一款的规定，境外个人在中华人民共和国境内进行非物质文化遗产调查，应当报经省、自治区、直辖市人民政府文化主管部门批准；调查在两个以上省、自治区、直辖市行政区域进行的，应当报经国务院文化主管部门批准；调查结束后，应当向批准调查的文化主管部门提交调查报告和调查中取得的实物图片、资料复制件。境外个人如果未按照以上要求进行非物质文化遗产调查的，要依法承担相应的法律责任。

二、本条规定的法律责任。

本条规定的违法主体包括境外组织和境外个人，对不同的违法主体，要依照本条的规定追究其法律责任。

（一）境外组织的法律责任。境外组织是指中国国境之外的政府、非营利性机构、企业和社会团体等各类组织。境外组织违反本法第十五条规定的，由文化主管部门责令改正，给予警告，没收违法所得及调查中取得的实物、资料；情节严重的，并处十万元以上五十万元以下的罚款。

（二）境外个人的法律责任。境外个人违反本法第十五条第一款规定的，由文化主管部门责令改正，给予警告，没收违法所得及调查中取得的实物、资料；情节严重的，并处一万元以上五万元以下的罚款。

境外组织或者个人未依法进行非物质文化遗产调查，有违法所得的，应当没收违法所得，并没收其在调查中取得的实物、资料，其中，资料包括在调查中形成的文字、图片、声音、影像等，如在现场所做的文字记录，拍摄的图片、照片，所做的录音记录和录像记录，根据调查整理所做的调查日志、调查报告等，这些资料并不属于非物质文化遗产的组成部分，但它们是反映非物质文化遗产形式和内涵的客观证据。文化主管部门在没收境外组织或者个人的违法所得的同时，要一并没收其在调查中取得的实物、资料。

责令改正并不是一种行政处罚，因为行政处罚法关于行政处罚的种类的规定中，只规定了警告，罚款，没收违法所得，没收非法财物，责令停产停业，暂扣或者吊销许可证、执照，行政拘留这六种行政处罚种类，并没有将"责令改正"也列入行政处罚的种类当中。在制定行政处罚法的过程当中，考虑到我国现行的法律、法规在有关行政处罚的规定中都有这样的表述：责令改正违法行为，或者规定责令限期消除违法行为的后果等。考虑到对任何一种违法行为，均应当予以改正，责令改正不应当是一种处罚，而是实施每一种行政处罚的一个前置条件，一个必经过程，即实施每一种行政处罚之前，都应当首先责令当事人改正违法行为，消除违法行为后果，然后才是实施行政处罚。实施行政处罚的目的绝不是为罚而罚，而是为了维护公共利益和社会秩序，保护公民、法人或者其他组织的合法权益，纠正违法行为，教育公民、法人自觉守法。为此，行政处罚法第二十三条明确规定："行政机关实施行政处罚时，应当责令当事人改正或者限期改正违法行为。"

对违法的境外组织和境外个人，本条规定了不同幅度的罚款，对于违法情节严重的境外组织，并处十万元以上五十万元以下的罚款；对于违法情节严重的境外个人，并处一万元以上五万元以下的罚款。

第四十二条　违反本法规定，构成犯罪的，依法追究刑事责任。

【释义】本条是关于刑事责任的规定。

本法第三十八条至第四十一条规定了违反本法规定应当承担的行政责任和民事责任。本条规定的刑事责任与行政责任、民事责任截然不同，是指刑事法律规定的，因实施犯罪行为而产生的，由司法机关强制犯罪者承受的刑事惩罚或者单纯否定性法律评价的负担。违反刑事法律的行为，且具备犯罪的构成要件的，应当依法追究其刑事法律责任。刑事责任具有强制性和严厉性的特征。强制性是指刑事责任是一种强制犯罪人承担的法律责任，反映了国家的强制地位与犯罪人的服从和负担地位。犯罪人实施了国家禁止性的行为，从而为国家所不能容忍。国家一方面通过刑法对这种行为做出否定的评价，另一方面对犯罪人加以谴责，并令其承担一定的刑事法律后果。严厉性是指刑事责任是性质最为严重、否定性评价最为强烈、制裁后果最为严厉的法律责任。刑事责任通常跟刑罚联系在一起，而刑罚是国家最严厉的制裁方法。依照我国刑法的规定，刑罚包括主刑和附加刑两种。主刑有：管制、拘役、有期徒刑、无期徒刑和死刑；附加刑有：罚金、剥夺政治权利和没收财产。此外，对于犯罪的外国人，可以独立适用或者附加适用驱逐出境。

违反本法的规定，构成犯罪，应当依法追究其刑事责任的行为，主要包括以下几种：

一、贪污、挪用非物质文化遗产保护、保存经费。

刑法第三百八十二条规定，国家工作人员利用职务上的便利，侵吞、窃取、骗取或者以其他手段非法占有公共财物的，是贪污罪。依照刑法第三百八十三条的规定，如果文化主管部门和其他有关部门的工作人员贪污非物质文化遗产保护、保存经费，个人贪污数额在十万元以上的，处十年以上有期徒刑或者无期徒刑，可以并处没收财产；情节特别严重的，处死刑，并处没收财产。个人贪污数额在五万元以上不满十万元的，处五年以上有期徒刑，可以并处没收财产；情节特别严重的，处无期徒刑，并处没收财产。个人贪污数额在五千元以上不满五万元的，处一年以上七年以下有期徒刑；情节严重的，处七年以上十年以下有期徒刑。个人贪污数额在五千元以上不满一万元，犯罪后有悔改表现、积极退赃的，可以减轻处罚或者免予刑事处罚，由其所在单位或者上级主管机关给予行政处分。需要注意的是，个人贪污数额不满五千元，情节较重的，处二年以下有期徒刑或者拘役；情节较轻的，由其所在单位或者上级主管机关酌情给予行政处分。对多次贪污未经处理的，按照累计贪污数额处罚。"情节较轻"，一般是指贪污的数额很小，系初犯，或者在案发前退赃，有悔改表现，社会危害性不大，不需要判处刑罚的。对于情节较轻的，依照本法第三十八条的规定，依法给予处分。

刑法第三百八十四条是对挪用公款罪的规定。依照该条的规定，如果文化主管部门和其他有关部门的工作人员利用职务上的便利，挪用非物质文化遗产保护、保存经费归个人使用，进行非法活动的，或者挪用非物质文化遗产保护、保存经费数额较大、进行营利活动的，或者挪用数额较大、超过三个月未还的，是挪用公款罪，处五年以下有期徒刑或者拘役；情节严重的，处五年以上有期徒刑。挪用公款数额巨大不退还的，处十年以上有期徒刑或者无期徒刑。

二、滥用职权、玩忽职守、徇私舞弊的行为。

刑法第三百九十七条是对国家机关工作人员滥用职权罪、玩忽职守罪及其处罚的规定。根据该条的规定，如果文化主管部门工作人员和其他有关部门的工作人员在非物质文化遗产保护、保存工作中玩忽职守、滥用职权、徇私舞弊的，"致使公共财产、国家和人民利益遭受重大损失的，处三年以下有期徒刑或者拘役；情节特别严重的，处三年以上七年以下有期徒刑。本法另有规定的，依照规定。国家机关工作人员徇私舞弊，犯前款罪的，处五年以下有期徒刑或者拘役；情节特别严重的，处五年以上十年以下有期徒刑。本法另有规定的，依照规定。"

三、故意毁坏属于非物质文化遗产组成部分的实物和场所。

刑法第二百七十五条是对故意毁坏公私财物罪的规定。依照该规定，故意毁坏属于非物质文化遗产组成部分的实物和场所，数额较大或者有其他严重情节的，处三年以下有期徒刑、拘役或者罚金；数额巨大或者有其他特别严重情节的，处三年以上七年以下有期徒刑。

除以上几种犯罪行为外，其他违反本法规定的行为，构成犯罪的，都应当依法追究刑事责任。

本条对违反本法构成犯罪的刑事责任进行了统一规定，而没有一一列举所违反的刑法条文和罪名内容。违反本法的行为，只要依刑法规定构成犯罪的，即依法追究刑事责任。这样处理主要是出于立法技术的考虑，一是条文比较简捷，二是内容完整，避免因为专门规定几类犯罪行为而漏掉其他犯罪行为，三是既与刑法相衔接，又可以避免因刑法的修改而导致本法修改。这种处理模式也是当前立法中的通常作法。

第六章 附 则

【本章提要】附则，顾名思义，就是一部法律的附属部分，通常在一部法律的最后一部分规定，单独成章。附则一般是对法律术语的解释、与其他法律的衔接问题、施行日期等非实体内容做出规定。

第四十三条 建立地方非物质文化遗产代表性项目名录的办法，由省、自治区、直辖市参照本法有关规定制定。

【释义】本条是关于建立地方非物质文化遗产代表性项目名录依据的规定。

制定与法律相配套的法规、规章是形成和完善有中国特色社会主义法律体系的要求。依照立法法的规定，省、自治区、直辖市的人民代表大会及其常务委员会，根据本行政区域的具体情况和实际需要，在不与宪法、法律、行政法规相抵触的前提下，可以制定地方性法规；省、自治区、直辖市的人民政府，可以根据法律、行政法规和本省、自治区、直辖市的地方性法规，制定规章。因此，建立地方非物质文化遗产代表性项目名录的办法，可以由省、自治区、直辖市的人民代表大会及其常务委员会制定法规，也可以由省、自治区、直辖市人民政府制定规章。但无论地方性法规还是地方性规章，都要根据本行政区域的具体情况和实际需要，不得与上位法相抵触。

本法第十八条第二款规定省、自治区、直辖市人民政府建立地方非物质文化遗产代表性项目名录，将本行政区域内体现中华民族优秀传统文化，具有历史、文学、艺术、科学价值的非物质文化遗产项目列入名录予以保护。截至 2009 年 12 月，全国所有省、自治区、直辖市和新疆生产建设兵团都已建立了地方非物质文化遗产代表性项目名录，本条规定省、自治区、直辖市参照本法有关规定制定建立地方非物质文化遗产代表性项目名录的办法，对地方非物质文化遗产代表性项目名录的推荐、建议和评审、公示程序等做出规定。

依照本条的规定，省、自治区、直辖市制定建立地方非物质文化遗产代表性项目名录的办法，应当参照本法有关建立国家级非物质文化遗产代表性项目名录的规定，主要包括以下几方面内容：一是，地方非物质文化遗产代表性项目的推荐和建议。依照本法对国家级非物质文化遗产代表性项目的推荐和建议的规定，省级非物质文化遗产代表性项目可以由下级人民政府推荐，并提交项目介绍、传承情况介绍、保护要求，以及有助于说明项目的视听资料等材料。公民、法人和其他组织认为本行政区域内某些非物质文化遗产体现中华民族优秀传统文化，具有重大历史、文学、艺术、科学价值的，可以向地方人民政府或者文化主管部门提出列入地方非物质文化遗产代表性项目名录的建议。二是，对形式和内涵在两个以上地区均保持完整的相同的非物质文化遗产项目，可以同时列入地方非物质文化遗产代表性项目名录。三是，评审和公示。评审工作应当坚持公开、公平、公正的原则。地方文化主管部门组织专家评审小组和专家评审委员会，对推荐或者建议列入地方非物质文化遗产代表性项目名录的非物质文化遗产项目进行初评和审议，对经审议拟列入地方非物质文化遗产项目代表性名录的项目予以公示，征求公众意见。四是，批准和公布。省级文化主管部门根据专家评审委员会的审议意见和公示结果，拟订地方非物质文化遗产代表性项目名录，报地方人民政府批准、公布。

第四十四条 使用非物质文化遗产涉及知识产权的，适用有关法律、行政法规的规定。

对传统医药、传统工艺美术等的保护，其他法律、行政法规另有规定的，依照其规定。

【释义】本条是关于使用非物质文化遗产涉及的知识产权问

题的法律适用问题和传统医药、传统工艺美术等的保护的法律适用问题的规定。

立法实践中对一些具体行为规范涉及到其他法律适用时,通常在法律条文中规定适用条款。现行立法中涉及到其他法律的适用时采用的处理方式主要有:按照立法法规定的适用规则适用,明确规定适用的具体法律或者具体法律的某一具体规定,采用概括式的规定等。本条就是采用概括式的规定,即用一个概括性的规定,指明某一事项对多个相关法律、法规的适用。这种处理方式,避免了对适用的法律、法规一一列举可能出现的遗漏的情况,同时也是对未来可能制定的相关法律、法规的灵活性规定。

一、使用非物质文化遗产涉及知识产权的,适用有关法律、行政法规的规定。

关于非物质文化遗产涉及的知识产权问题,在立法的过程中一直存在不同意见的争论。有的意见认为,非物质文化遗产具有知识产权,虽然大部分非物质文化遗产项目难以确定权利人,但是不影响项目本身享有知识产权,应当在本法中明确对非物质文化遗产的知识产权予以保护。但也有的意见提出,非物质文化遗产中的绝大部分不适合用知识产权进行保护,一是非物质文化遗产本身是世代相传的,难以确定权利人;二是非物质文化遗产本身已经处于公开状态,千百年来大家一直在使用、传承,不宜用知识产权的方式进行保护,否则不利于该项目在全社会进行传播和弘扬。由于存在意见分歧,草案一审稿对非物质文化遗产的知识产权问题没有规定,只是确定了使用非物质文化遗产应当尊重其形式和内涵,不得进行歪曲、贬损的原则。对此,全国人大常委会审议和征求意见的过程中,一些意见提出,规定使用非物质文化遗产应当尊重其形式和内涵,不得进行歪曲、贬损是必要的,但还不够,应当在此基础上增加非物质文化遗产知识产权保护的内容。对此,立法机关进行了反复研究,总的考虑是:非物质文化遗产法的基本定位是对非物质文化遗产进行行政保护,即着重规定由各级政府及文化主管部门等对非物质文化遗产通过调查进行认定、记录、建档,对其中体现我国优秀传统文化,具有历史、文学、艺术、科学价值的非物质文化遗产列入各级名录,确定其代表性传承人,进行传承、传播等内容。至于使用非物质文化遗产可能涉及的知识产权等问题,应当依照有关法律、行政法规的规定处理,本法可以作适当衔接性的规定。这一做法与《保护非物质文化遗产公约》是一致的。该公约明确规定,本公约的任何条款均不得解释为:影响缔约国从其作为缔约方的任何有关知识产权或使用生物和生态资源的国际文书所获得的权利和所负有的义务。这就表明了公约只是立足于对非物质文化遗产进行行政保护,不涉及知识产权等民事保护的内容。

使用非物质文化遗产涉及知识产权的,适用有关法律、行政法规的规定。这一规定的含义是:使用非物质文化遗产涉及知识产权的,能够适用现有的法律、行政法规的,则适用现有的法律、行政法规予以处理。例如,在使用非物质文化遗产中涉及的表演者的权利,以及商业秘密等知识产权,可以适用著作权法、反不正当竞争法等法律予以保护;不能适用现有的法律、行政法规规定的,则可以适用将来出台的法律、行政法规的规定予以规范。如著作权法规定,民间文学艺术作品的著作权保护办法由国务院另行规定。这一行政法规一旦颁布出台将是对使用非物质文化遗产涉及的知识产权问题进行规范的一个依据。

适用中应当注意的是,本法对使用非物质文化遗产涉及的知识产权问题的法律适用问题的这一规定,只是对使用非物质文化遗产可能涉及的知识产权问题在法律适用方面的一个衔接性规定,不涉及非物质文化遗产本身的知识产权保护问题。

二、传统医药、传统工艺美术等的保护适用特别规定的规定。

依照本法第二条的规定，传统医药、传统工艺美术属于本法所称的非物质文化遗产，应当依照本法的规定对其进行保护。但考虑到传统医药、传统工艺美术具有自身的特殊性。传统医药是中华民族的优秀传统文化，同时也是我国卫生事业的重要组成部分。因此，既要采取措施扶持传统医药事业发展，又要加强对传统医药的规范化管理。2003年4月制定了《中医药条例》。传统工艺美术，是指百年以上，历史悠久，技艺精湛，世代相传，有完整的工艺流程，采用天然原材料制作，具有鲜明的民族风格和地方特色，在国内外享有声誉的手工艺品种和技艺。为了保护传统工艺美术，促进传统工艺美术事业的繁荣与发展，1997年5月20日颁布施行的《传统工艺美术保护条例》规定，国务院负责传统工艺美术保护工作的部门负责全国传统工艺美术保护工作。从实践来看，《传统工艺美术保护条例》已实施十多年，《中医药条例》也实施近八年的时间，积累了较多的经验，对其保护也是很有成效的。而且未来还可能制定专门的法律对其保护做出规定，其中（传统）医药法作为第二类项目，即研究起草、条件成熟时安排审议的法律草案，已经列入全国人大十一届常委会立法规划。因此，本法规定对传统医药、传统工艺美术等的保护，其他法律、行政法规另有规定的，依照其规定。

在对传统医药、传统工艺美术等的保护方面，其他法律、行政法规另有规定的，优先适用其他法律、行政法规的规定。其他法律、行政法规没有规定，或者尚未制定相关法律、行政法规的情况下，仍然适用本法的规定。而且对传统医药、传统工艺美术等的保护的特别规定，仅限于其他法律、行政法规，地方性法规不在此列。

第四十五条　本法自 2011 年 6 月 1 日起施行。

【释义】本条是关于本法生效日期的规定。

立法法第五十一条规定："法律应当明确规定施行日期。"这是对法律规定生效时间的要求。法律开始生效的时间，指法律从何时起开始发生约束力，法律的施行日期是法律开始生效的标志。明确规定施行日期，是法律得到有效实施所必须的。

目前，法律中关于施行日期的规定，主要有以下三种情况：

一、在法律条文中规定"本法自×年×月×日起施行"，直接规定具体的生效日期。这也是目前使用最多的方式，本法也是采取了这种方式。

二、法律条文没有规定具体的生效日期，而是直接规定"本法自公布之日起施行"。

根据立法法的规定，全国人民代表大会通过的法律、常务委员会通过的法律，由国家主席签署主席令予以公布，签署公布法律的主席令载明该法律的制定机关、通过和施行日期。目前，一般都是于全国人大或者全国人大常委会通过法律的当天由国家主席发布命令公布法律，如1989年10月31日第七届全国人民代表大会常务委员会第六次会议通过集会游行示威法，该法第三十六条规定："本法自公布之日起施行。"同日，中华人民共和国主席令第二十号公布施行。采用这种方式，多是由于情势急需，或者公布后不立即施行将有碍施行的情况，在目前的立法实践中这种方式采用不多。

三、规定一个法律的生效日期取决于另一个法律的制定和实施时间。

这种方式在立法实践中非常少见，属于一种特殊情况。1986年12月2日第六届全国人民代表大会常务委员会第十八次会议通过的《中华人民共和国企业破产法（试行）》第四十三条规定："本法自全民所有制工业企业法实施满三个月之日起试行。"而全民所有制工业企业法在企业破产法（试行）通过时还尚未制定出来。有意见认为采取这种方式规定的施行日期是不确定的，立法应当明确施行日期。

本法 2011 年 2 月 25 日通过，自 2011 年 6 月 1 日起施行，本法公布至施行间隔了 3 个多月的时间。这主要是为本法的顺利实施做好充分的准备工作：一是涉及非物质文化遗产的各种法规、规章以及其他规范性文件数目众多，需要做出认真的清理，凡发现与本法规定相抵触的，都要予以废止或修改；二是本法规定的一些措施制度，需要一些配套规定进行具体化，有关部门应当抓紧制定有关配套规定；三是本法涉及人民群众生活的各方面，有关部门应当做好对本法的学习宣传工作等，为本法的实施创造良好的条件。

法律的时间效力问题，还涉及法律对其实施前的行为有无溯及力的问题。法律的溯及力，即溯及既往的效力，是指法律施行后，对生效前的行为是否适用的效力。如果适用，就表明具有溯及力；如果不能适用，也就是所谓的法不溯及既往，表明没有溯及力。我国的法律，从实体法的角度看一般是没有溯及力的。但这一原则并不是绝对的。各国规定大体有这样几种情况：一是从旧原则，即新法没有溯及力。二是从新原则，即新法有溯及力。三是从轻原则，即比较新法与旧法，哪个处理轻些就按哪个法处理。四是从新兼从轻原则，即新法原则上溯及既往，但旧法对行为人的处罚较轻时，则从旧法。五是从旧兼从轻原则，即新法原则上不溯及既往，但新法对行为人的处罚较轻时，则从新法。目前世界上多数国家采取从旧原则，法没有溯及力。在法律规定无溯及力的国家，通常采用从旧兼从轻原则。目前，我国主要也采取从旧兼从轻原则，在特殊情况下也可溯及既往。但法律如果有溯及力，就应当在法律条文中对此做出明确的规定。本法没有关于溯及力问题的规定，因此，可以认为本法没有溯及力。

第三部分　国务院及其有关部门文件

国务院关于加强文化遗产保护的通知

国发〔2005〕42号

各省、自治区、直辖市人民政府,国务院各部委、各直属机构:

我国是历史悠久的文明古国。在漫长的岁月中,中华民族创造了丰富多彩、弥足珍贵的文化遗产。党中央、国务院历来高度重视文化遗产保护工作,在全社会的共同努力下,我国文化遗产保护取得了明显成效。与此同时,也应清醒地看到,当前我国文化遗产保护面临着许多问题,形势严峻,不容乐观。为了进一步加强我国文化遗产保护,继承和弘扬中华民族优秀传统文化,推动社会主义先进文化建设,国务院决定从2006年起,每年六月的第二个星期六为我国的"文化遗产日"。现就加强文化遗产保护有关问题通知如下:

一、充分认识保护文化遗产的重要性和紧迫性

文化遗产包括物质文化遗产和非物质文化遗产。物质文化遗产是具有历史、艺术和科学价值的文物,包括古遗址、古墓葬、古建筑、石窟寺、石刻、壁画、近代现代重要史迹及代表性建筑等不可移动文物,历史上各时代的重要实物、艺术品、文献、手稿、图书资料等可移动文物;以及在建筑式样、分布均匀或与环境景色结合方面具有突出普遍价值的历史文化名城(街区、村镇)。非物质文化遗产是指各种以非物质形态存在的与群众生活密切相关、世代相承的传统文化表现形式,包括口头传统、传统

表演艺术、民俗活动和礼仪与节庆、有关自然界和宇宙的民间传统知识和实践、传统手工艺技能等以及与上述传统文化表现形式相关的文化空间。

我国文化遗产蕴含着中华民族特有的精神价值、思维方式、想象力，体现着中华民族的生命力和创造力，是各民族智慧的结晶，也是全人类文明的瑰宝。保护文化遗产，保持民族文化的传承，是连接民族情感纽带、增进民族团结和维护国家统一及社会稳定的重要文化基础，也是维护世界文化多样性和创造性，促进人类共同发展的前提。加强文化遗产保护，是建设社会主义先进文化，贯彻落实科学发展观和构建社会主义和谐社会的必然要求。文化遗产是不可再生的珍贵资源。随着经济全球化趋势和现代化进程的加快，我国的文化生态正在发生巨大变化，文化遗产及其生存环境受到严重威胁。不少历史文化名城（街区、村镇）、古建筑、古遗址及风景名胜区整体风貌遭到破坏。文物非法交易、盗窃和盗掘古遗址古墓葬以及走私文物的违法犯罪活动在一些地区还没有得到有效遏制，大量珍贵文物流失境外。由于过度开发和不合理利用，许多重要文化遗产消亡或失传。在文化遗存相对丰富的少数民族聚居地区，由于人们生活环境和条件的变迁，民族或区域文化特色消失加快。因此，加强文化遗产保护刻不容缓。地方各级人民政府和有关部门要从对国家和历史负责的高度，从维护国家文化安全的高度，充分认识保护文化遗产的重要性，进一步增强责任感和紧迫感，切实做好文化遗产保护工作。

二、加强文化遗产保护的指导思想、基本方针和总体目标

（一）指导思想：坚持以邓小平理论和"三个代表"重要思

想为指导,全面贯彻和落实科学发展观,加大文化遗产保护力度,构建科学有效的文化遗产保护体系,提高全社会文化遗产保护意识,充分发挥文化遗产在传承中华文化,提高人民群众思想道德素质和科学文化素质,增强民族凝聚力,促进社会主义先进文化建设和构建社会主义和谐社会中的重要作用。

(二)基本方针:物质文化遗产保护要贯彻"保护为主、抢救第一、合理利用、加强管理"的方针。非物质文化遗产保护要贯彻"保护为主、抢救第一、合理利用、传承发展"的方针。坚持保护文化遗产的真实性和完整性,坚持依法和科学保护,正确处理经济社会发展与文化遗产保护的关系,统筹规划、分类指导、突出重点、分步实施。

(三)总体目标:通过采取有效措施,文化遗产保护得到全面加强。到2010年,初步建立比较完备的文化遗产保护制度,文化遗产保护状况得到明显改善。到2015年,基本形成较为完善的文化遗产保护体系,具有历史、文化和科学价值的文化遗产得到全面有效保护;保护文化遗产深入人心,成为全社会的自觉行动。

三、着力解决物质文化遗产保护面临的突出问题

(一)切实做好文物调查研究和不可移动文物保护规划的制定实施工作。加强文物资源调查研究,并依法登记、建档。在认真摸清底数的基础上,分类制定文物保护规划,认真组织实施。国务院文物行政部门要统筹安排世界文化遗产、全国重点文物保护单位保护规划的编制工作,省级人民政府具体组织编制,报国务院文物行政部门审查批准后公布实施。国务院文物行政部门要对规划实施情况进行跟踪监测,检查落实。要及时依法划定文物保护单位的保护范围和建设控制地带,设立必要的保护管理机

构,明确保护责任主体,建立健全保护管理制度。其他不可移动文物也要依据文物保护法的规定制定保护规划,落实保护措施。坚决避免和纠正过度开发利用文化遗产,特别是将文物作为或变相作为企业资产经营的违法行为。

(二)改进和完善重大建设工程中的文物保护工作。严格执行重大建设工程项目审批、核准和备案制度。凡涉及文物保护事项的基本建设项目,必须依法在项目批准前征求文物行政部门的意见,在进行必要的考古勘探、发掘并落实文物保护措施以后方可实施。基本建设项目中的考古发掘要充分考虑文物保护工作的实际需要,加强统一管理,落实审批和监督责任。

(三)切实抓好重点文物维修工程。统筹规划、集中资金,实施一批文物保护重点工程,排除重大文物险情,加强对重要濒危文物的保护。实施保护工程必须确保文物的真实性,坚决禁止借保护文物之名行造假古董之实。要对文物"复建"进行严格限制,把有限的人力、物力切实用到对重要文物、特别是重大濒危文物的保护项目上。严格工程管理,落实文物保护工程队伍资质制度,完善从业人员管理制度,建立健全各类文物保护技术规范,确保工程质量。

(四)加强历史文化名城(街区、村镇)保护。进一步完善历史文化名城(街区、村镇)的申报、评审工作。已确定为历史文化名城(街区、村镇)的,地方人民政府要认真制定保护规划,并严格执行。在城镇化过程中,要切实保护好历史文化环境,把保护优秀的乡土建筑等文化遗产作为城镇化发展战略的重要内容,把历史名城(街区、村镇)保护规划纳入城乡规划。相关重大建设项目,必须建立公示制度,广泛征求社会各界意见。国务院有关部门要对历史文化名城(街区、村镇)的保护状况和规划实施情况进行跟踪监测,及时解决有关问题;历史文化名城(街区、村镇)的布局、环境、历史风貌等遭到严重破坏的,应当依法取消其称号,并追究有关人员的责任。

(五)提高馆藏文物保护和展示水平。高度重视博物馆建设,加强对藏品的登记、建档和安全管理,落实藏品丢失、损毁追究责任制。实施馆藏文物信息化和保存环境达标建设,加大馆藏文物科技保护力度。提高陈列展览质量和水平,充分发挥馆藏文物的教育作用。加强博物馆专业人员培养,提高博物馆队伍素质。坚持向未成年人等特殊社会群体减、免费开放,不断提高服务质量和水平。

(六)清理整顿文物流通市场。加强对文物市场的调控和监督管理,依法严格把握文物流通市场准入条件,规范文物经营和民间文物收藏行为,确保文物市场健康发展。依法加强文物商店销售文物、文物拍卖企业拍卖文物的审核备案工作。坚决取缔非法文物市场,严厉打击盗窃、盗掘、走私、倒卖文物等违法犯罪活动。严格执行文物出入境审核、监管制度,加强鉴定机构队伍建设,严防珍贵文物流失。加强国际合作,对非法流失境外的文物要坚决依法追索。

四、积极推进非物质文化遗产保护

(一)开展非物质文化遗产普查工作。各地区要进一步做好非物质文化遗产的普查、认定和登记工作,全面了解和掌握非物质文化遗产资源的种类、数量、分布状况、生存环境、保护现状及存在的问题,及时向社会公布普查结果。三年内全国基本完成普查工作。

(二)制定非物质文化遗产保护规划。在科学论证的基础上,抓紧制定国家和地区非物质文化遗产保护规划,明确保护范围,提出长远目标和近期工作任务。

(三)抢救珍贵非物质文化遗产。采取有效措施,抓紧征集具有历史、文化和科学价值的非物质文化遗产实物和资料，完善征集和保管制度。有条件的地方可以建立非物质文化遗产资料库、博物馆或展示中心。

（四）建立非物质文化遗产名录体系。进一步完善评审标准，严格评审工作，逐步建立国家和省、市、县非物质文化遗产名录体系。对列入非物质文化遗产名录的项目，要制定科学的保护计划，明确有关保护的责任主体，进行有效保护。对列入非物质文化遗产名录的代表性传人，要有计划地提供资助，鼓励和支持其开展传习活动，确保优秀非物质文化遗产的传承。

（五）加强少数民族文化遗产和文化生态区的保护。重点扶持少数民族地区的非物质文化遗产保护工作。对文化遗产丰富且传统文化生态保持较完整的区域，要有计划地进行动态的整体性保护。对确属濒危的少数民族文化遗产和文化生态区，要尽快列入保护名录，落实保护措施，抓紧进行抢救和保护。

五、明确责任，切实加强对文化遗产保护工作的领导

（一）加强领导，落实责任。地方各级人民政府和有关部门要将文化遗产保护列入重要议事日程，并纳入经济和社会发展计划以及城乡规划。要建立健全文化遗产保护责任制度和责任追究制度。成立国家文化遗产保护领导小组，定期研究文化遗产保护工作的重大问题，统一协调文化遗产保护工作。地方各级人民政府也要建立相应的文化遗产保护协调机构。要建立文化遗产保护定期通报制度、专家咨询制度以及公众和舆论监督机制，推进文化遗产保护工作的科学化、民主化。要充分发挥有关学术机构、大专院校、企事业单位、社会团体等各方面的作用，共同开展文化遗产保护工作。

（二）加快文化遗产保护法制建设，加大执法力度。加强文

化遗产保护法律法规建设，推进文化遗产保护的法制化、制度化和规范化。积极推动《非物质文化遗产保护法》、《历史文化名城和历史文化街区、村镇保护条例》等法律、行政法规的立法进程，争取早日出台。抓紧制定和起草与文物保护法相配套的部门规章和地方性法规。抓紧研究制定保护文化遗产知识产权的有关规定。要严格依照保护文化遗产的法律、行政法规办事，任何单位或者个人都不得做出与法律、行政法规相抵触的决定；各级文物行政部门等行政执法机关有权依法抵制和制止违反有关法律、行政法规的决定和行为。严厉打击破坏文化遗产的各类违法犯罪行为，重点追究因决策失误、玩忽职守，造成文化遗产破坏、被盗或流失的责任人的法律责任。充实文化遗产保护执法力量，加大执法力度，做到执法必严，违法必究。因执法不力造成文化遗产受到破坏的，要追究有关执法机关和有关责任人的责任。

（三）安排专项资金，加强专业人才队伍建设。各级人民政府要将文化遗产保护经费纳入本级财政预算，保障重点文化遗产经费投入。抓紧制定和完善有关社会捐赠和赞助的政策措施，调动社会团体、企业和个人参与文化遗产保护的积极性。加强文化遗产保护管理机构和专业队伍建设，大力培养文化遗产保护和管理所需的各类专门人才。加强文化遗产保护科技的研究、运用和推广工作，努力提高文化遗产保护工作水平。

（四）加大宣传力度，营造保护文化遗产的良好氛围。认真举办"文化遗产日"系列活动，提高人民群众对文化遗产保护重要性的认识，增强全社会的文化遗产保护意识。各级各类文化遗产保护机构要经常举办展示、论坛、讲座等活动，使公众更多地了解文化遗产的丰富内涵。教育部门要将优秀文化遗产内容和文化遗产保护知识纳入教学计划，编入教材，组织参观学习活动，激发青少年热爱祖国优秀传统文化的热情。各类新闻媒体要通过开设专题、专栏等方式，介绍文化遗产和保护知识，大力宣传保护文化遗产的先进典型,及时曝光破坏文化遗产的违法行为及事件,发挥舆论监督作用,在全社会形成保护文化遗产的良好氛围。与此同时,国务院有关部门也要切实研究解决自然遗产保护中存在的问题,加强自然遗产保护工作。

国务院

2005 年 12 月 22 日

国务院办公厅关于加强我国非物质文化遗产保护工作的意见

国办发〔2005〕18号

各省、自治区、直辖市人民政府,国务院各部委、各直属机构:

我国是一个历史悠久的文明古国,不仅有大量的物质文化遗产,而且有丰富的非物质文化遗产。党和国家历来重视文化遗产保护,弘扬优秀传统文化,为此做了大量工作并取得了显著成绩。但是,随着全球化趋势的增强,经济和社会的急剧变迁,我国非物质文化遗产的生存、保护和发展遇到很多新的情况和问题,面临着严峻形势。为贯彻落实党的十六大有关扶持对重要文化遗产和优秀民间艺术的保护工作的精神,履行我国加入联合国教科文组织《保护非物质文化遗产公约》的义务,经国务院同意,现就进一步加强我国非物质文化遗产保护工作,提出以下意见:

一、充分认识我国非物质文化遗产保护工作的重要性和紧迫性

非物质文化遗产是各族人民世代相承、与群众生活密切相关的各种传统文化表现形式和文化空间。非物质文化遗产既是历史发展的见证,又是珍贵的、具有重要价值的文化资源。我国各族人民在长期生产生活实践中创造的丰富多彩的非物质文化遗产,是中华民族智慧与文明的结晶,是连接民族情感的纽带和维系国

家统一的基础。保护和利用好我国非物质文化遗产，对落实科学发展观，实现经济社会的全面、协调、可持续发展具有重要意义。

非物质文化遗产与物质文化遗产共同承载着人类社会的文明，是世界文化多样性的体现。我国非物质文化遗产所蕴含的中华民族特有的精神价值、思维方式、想象力和文化意识，是维护我国文化身份和文化主权的基本依据。加强非物质文化遗产保护，不仅是国家和民族发展的需要，也是国际社会文明对话和人类社会可持续发展的必然要求。

随着全球化趋势的加强和现代化进程的加快，我国的文化生态发生了巨大变化，非物质文化遗产受到越来越大的冲击。一些依靠口授和行为传承的文化遗产正在不断消失，许多传统技艺濒临消亡，大量有历史、文化价值的珍贵实物与资料遭到毁弃或流失境外，随意滥用、过度开发非物质文化遗产的现象时有发生。加强我国非物质文化遗产的保护已经刻不容缓。

二、非物质文化遗产保护工作的目标和方针

工作目标：通过全社会的努力，逐步建立起比较完备的、有中国特色的非物质文化遗产保护制度，使我国珍贵、濒危并具有历史、文化和科学价值的非物质文化遗产得到有效保护，并得以传承和发扬。

工作指导方针：保护为主、抢救第一、合理利用、传承发展。正确处理保护和利用的关系，坚持非物质文化遗产保护的真实性和整体性，在有效保护的前提下合理利用，防止对非物质文化遗产的误解、歪曲或滥用。在科学认定的基础上，采取有力措施，使非物质文化遗产在全社会得到确认、尊重和弘扬。

工作原则：政府主导、社会参与，明确职责、形成合力；长

远规划、分步实施,点面结合、讲求实效。

三、建立名录体系,逐步形成有中国特色的非物质文化遗产保护制度

认真开展非物质文化遗产普查工作。要将普查摸底作为非物质文化遗产保护的基础性工作来抓,统一部署、有序进行。要在充分利用已有工作成果和研究成果的基础上,分地区、分类别制订普查工作方案,组织开展对非物质文化遗产的现状调查,全面了解和掌握各地各民族非物质文化遗产资源的种类、数量、分布状况、生存环境、保护现状及存在问题。要运用文字、录音、录像、数字化多媒体等各种方式,对非物质文化遗产进行真实、系统和全面的记录,建立档案和数据库。

建立非物质文化遗产代表作名录体系。要通过制定评审标准并经过科学认定,建立国家级和省、市、县级非物质文化遗产代表作名录体系。国家级非物质文化遗产代表作名录由国务院批准公布。省、市、县级非物质文化遗产代表作名录由同级政府批准公布,并报上一级政府备案。

加强非物质文化遗产的研究、认定、保存和传播。要组织各类文化单位、科研机构、大专院校及专家学者对非物质文化遗产的重大理论和实践问题进行研究,注重科研成果和现代技术的应用。组织力量对非物质文化遗产进行科学认定,鉴别真伪。经各级政府授权的有关单位可以征集非物质文化遗产实物、资料,并予以妥善保管。采取有效措施,防止珍贵的非物质文化遗产实物和资料流出境外。对非物质文化遗产的物质载体也要予以保护,对已被确定为文物的,要按照《中华人民共和国文物保护法》的相关规定执行。充分发挥各级图书馆、文化馆、博物馆、科技馆等公共文化机构的作用,有条件的地方可设立专题博物馆或展示

中心。

建立科学有效的非物质文化遗产传承机制。对列入各级名录的非物质文化遗产代表作，可采取命名、授予称号、表彰奖励、资助扶持等方式，鼓励代表作传承人（团体）进行传习活动。通过社会教育和学校教育，使非物质文化遗产代表作的传承后继有人。要加强非物质文化遗产知识产权的保护。研究探索对传统文化生态保持较完整并具有特殊价值的村落或特定区域，进行动态整体性保护的方式。在传统文化特色鲜明、具有广泛群众基础的社区、乡村，开展创建民间传统文化之乡的活动。

四、加强领导，落实责任，建立协调有效的工作机制

要发挥政府的主导作用，建立协调有效的保护工作领导机制。由文化部牵头，建立中国非物质文化遗产保护工作部际联席会议制度，统一协调非物质文化遗产保护工作。文化行政部门与各相关部门要积极配合，形成合力。同时，广泛吸纳有关学术研究机构、大专院校、企事业单位、社会团体等各方面力量共同开展非物质文化遗产保护工作。充分发挥专家的作用，建立非物质文化遗产保护的专家咨询机制和检查监督制度。

地方各级政府要加强领导，将保护工作列入重要工作议程，纳入国民经济和社会发展整体规划，纳入文化发展纲要。加强非物质文化遗产保护的法律法规建设，及时研究制定有关政策措施。要制定非物质文化遗产保护规划，明确保护范围、保护措施和目标。中国民族民间文化保护工程是非物质文化遗产保护工作的重要组成部分，要根据其总体规划，有步骤、有重点地循序渐进，逐步实施，为创建中国特色的非物质文化遗产保护制度积累经验。

各级政府要不断加大非物质文化遗产保护工作的经费投入。

通过政策引导等措施,鼓励个人、企业和社会团体对非物质文化遗产保护工作进行资助。要加强非物质文化遗产保护工作队伍建设。通过有计划的教育培训,提高现有人员的工作能力和业务水平;充分利用科研院所、高等院校的人才优势和科研优势,大力培养专门人才。

要充分发挥非物质文化遗产对广大未成年人进行传统文化教育和爱国主义教育的重要作用。各级图书馆、文化馆、博物馆、科技馆等公共文化机构要积极开展对非物质文化遗产的传播和展示。教育部门和各级各类学校要逐步将优秀的、体现民族精神与民间特色的非物质文化遗产内容编入有关教材,开展教学活动。鼓励和支持新闻出版、广播电视、互联网等媒体对非物质文化遗产及其保护工作进行宣传展示,普及保护知识,培养保护意识,努力在全社会形成共识,营造保护非物质文化遗产的良好氛围。

附件:1. 国家级非物质文化遗产代表作申报评定暂行办法
   2. 非物质文化遗产保护工作部际联席会议制度
   3. 非物质文化遗产保护工作部际联席会议成员名单

中华人民共和国国务院办公厅
2005 年 3 月 26 日

附件 1

国家级非物质文化遗产代表作申报评定暂行办法

第一条 为加强非物质文化遗产保护工作,规范国家级非物质文化遗产代表作的申报和评定工作,根据中华人民共和国宪法第二十二条"国家保护名胜古迹、珍贵文物和其他重要历史文化遗产"及相关法律、法规，制定本办法。

第二条 非物质文化遗产指各族人民世代相承的、与群众生活密切相关的各种传统文化表现形式（如民俗活动、表演艺术、传统知识和技能，以及与之相关的器具、实物、手工制品等）和文化空间。

第三条 非物质文化遗产可分为两类：（1）传统的文化表现形式，如民俗活动、表演艺术、传统知识和技能等；（2）文化空间，即定期举行传统文化活动或集中展现传统文化表现形式的场所，兼具空间性和时间性。

非物质文化遗产的范围包括：

（一）口头传统，包括作为文化载体的语言；

（二）传统表演艺术；

（三）民俗活动、礼仪、节庆；

（四）有关自然界和宇宙的民间传统知识和实践；

（五）传统手工艺技能；

（六）与上述表现形式相关的文化空间。

第四条 建立国家级非物质文化遗产代表作名录的目的是：

（一）推动我国非物质文化遗产的抢救、保护与传承；

（二）加强中华民族的文化自觉和文化认同，提高对中华文化整体性和历史连续性的认识；

（三）尊重和彰显有关社区、群体及个人对中华文化的贡献，展示中国人文传统的丰富性；

（四）鼓励公民、企事业单位、文化教育科研机构、其他社会组织积极参与非物质文化遗产的保护工作；

（五）履行《保护非物质文化遗产公约》，增进国际社会对中国非物质文化遗产的认识，促进国际间的文化交流与合作，为人类文化的多样性及其可持续发展做出中华民族应有的贡献。

第五条 国家级非物质文化遗产代表作的申报评定工作由非

物质文化遗产保护工作部际联席会议（以下简称部际联席会议）办公室具体实施。部际联席会议办公室要与各有关部门、单位和社会组织相互配合、协调工作。

第六条 国家级非物质文化遗产代表作的申报项目，应是具有杰出价值的民间传统文化表现形式或文化空间；或在非物质文化遗产中具有典型意义；或在历史、艺术、民族学、民俗学、社会学、人类学、语言学及文学等方面具有重要价值。

具体评审标准如下：

（一）具有展现中华民族文化创造力的杰出价值；

（二）扎根于相关社区的文化传统，世代相传，具有鲜明的地方特色；

（三）具有促进中华民族文化认同、增强社会凝聚力、增进民族团结和社会稳定的作用，是文化交流的重要纽带；

（四）出色地运用传统工艺和技能，体现出高超的水平；

（五）具有见证中华民族活的文化传统的独特价值；

（六）对维系中华民族的文化传承具有重要意义，同时因社会变革或缺乏保护措施而面临消失的危险。

第七条 申报项目须提出切实可行的十年保护计划，并承诺采取相应的具体措施，进行切实保护。这些措施主要包括：

（一）建档：通过搜集、记录、分类、编目等方式，为申报项目建立完整的档案；

（二）保存：用文字、录音、录像、数字化多媒体等手段，对保护对象进行真实、全面、系统的记录，并积极搜集有关实物资料，选定有关机构妥善保存并合理利用；

（三）传承：通过社会教育和学校教育等途径，使该项非物质文化遗产的传承后继有人，能够继续作为活的文化传统在相关社区尤其是青少年当中得到继承和发扬；

（四）传播：利用节日活动、展览、观摩、培训、专业性研讨等形式，通过大众传媒和互联网的宣传，加深公众对该项遗产的了解和认识，促进社会共享；

（五）保护：采取切实可行的具体措施，以保证该项非物质文化遗产及其智力成果得到保存、传承和发展，保护该项遗产的传承人（团体）对其世代相传的文化表现形式和文化空间所享有的权益，尤其要防止对非物质文化遗产的误解、歪曲或滥用。

第八条 公民、企事业单位、社会组织等，可向所在行政区域文化行政部门提出非物质文化遗产代表作项目的申请，由受理的文化行政部门逐级上报。申报主体为非申报项目传承人（团体）的，申报主体应获得申报项目传承人（团体）的授权。

第九条 省级文化行政部门对本行政区域内的非物质文化遗产代表作申报项目进行汇总、筛选，经同级人民政府核定后，向部际联席会议办公室提出申报。中央直属单位可直接向部际联席会议办公室提出申报。

第十条 申报者须提交以下资料：

（一）申请报告：对申报项目名称、申报者、申报目的和意义进行简要说明；

（二）项目申报书：对申报项目的历史、现状、价值和濒危状况等进行说明；

（三）保护计划：对未来十年的保护目标、措施、步骤和管理机制等进行说明；

（四）其他有助于说明申报项目的必要材料。

第十一条 传承于不同地区并为不同社区、群体所共享的同类项目，可联合申报；联合申报的各方须提交同意联合申报的协议书。

第十二条 部际联席会议办公室根据本办法第十条的规定，对申报材料进行审核，并将合格的申报材料提交评审委员会。

第十三条 评审委员会由国家文化行政部门有关负责同志和

相关领域的专家组成，承担国家级非物质文化遗产代表作的评审和专业咨询。评审委员会每届任期四年。评审委员会设主任一名、副主任若干名，主任由国家文化行政部门有关负责同志担任。

第十四条 评审工作应坚持科学、民主、公正的原则。

第十五条 评审委员会根据本办法第六条、第七条的规定进行评审，提出国家级非物质文化遗产代表作推荐项目，提交部际联席会议办公室。

第十六条 部际联席会议办公室通过媒体对国家级非物质文化遗产代表作推荐项目进行社会公示，公示期30天。

第十七条 部际联席会议办公室根据评审委员会的评审意见和公示结果，拟订入选国家级非物质文化遗产代表作名录名单，经部际联席会议审核同意后，上报国务院批准、公布。

第十八条 国务院每两年批准并公布一次国家级非物质文化遗产代表作名录。

第十九条 对列入国家级非物质文化遗产代表作名录的项目，各级政府要给予相应支持。同时，申报主体必须履行其保护计划中的各项承诺，按年度向部际联席会议办公室提交实施情况报告。

第二十条 部际联席会议办公室组织专家对列入国家级非物质文化遗产代表作名录的项目进行评估、检查和监督，对未履行保护承诺、出现问题的，视不同程度给予警告、严重警告直至除名处理。

第二十一条 本《暂行办法》由部际联席会议办公室负责解释。

第二十二条 本《暂行办法》自发布之日起施行。

附件 2

文化部　发展改革委　教育部　国家民委
财政部　建设部　旅游局　宗教局　文物局

非物质文化遗产保护工作部际联席会议制度

为贯彻落实党的十六大关于"扶持对重要文化遗产和优秀民间艺术的保护工作"的精神，加强我国非物质文化遗产保护工作，建立非物质文化遗产保护工作部际联席会议制度，统一协调解决非物质文化遗产保护工作中的重大问题。

一、部际联席会议的职能

（一）拟订我国非物质文化遗产保护工作的方针政策，审定我国非物质文化遗产保护规划；

（二）协调处理我国非物质文化遗产保护中涉及的重大事项；

（三）审核"国家级非物质文化遗产代表作国家名录"名单，上报国务院批准公布；

（四）承办国务院交办的有关非物质文化遗产保护方面的其他工作，重大问题向国务院请示、报告。

二、联席会议成员单位

部际联席会议由文化部、发展改革委、教育部、国家民委、财政部、建设部、旅游局、宗教局、文物局组成。

文化部为部际联席会议牵头单位，文化部部长任部际联席会议召集人，文化部副部长任部际联席会议成员兼秘书长。各成员单位有关负责同志任部际联席会议成员。

各有关部门根据有关法律法规和国务院赋予的职能开展工作。部际联席会议办公室设在文化部，负责日常工作。

三、部际联席会议工作规则和要求

（一）部际联席会议定期召开例会。根据需要或按照领导同志指示，可临时召开会议。会议的议题主要包括：传达贯彻党中央、国务院领导同志关于我国非物质文化遗产保护工作的指示精神；研究、协调非物质文化遗产保护工作中的重大问题，提出政策措施和建议；审议部际联席会议办公室提交的"国家级非物质文化遗产代表作名录"名单，上报国务院。

（二）部际联席会议讨论达成的意见要形成会议纪要，印发部际联席会议各成员单位。会议所决定的事项，按照各成员单位职能，分工负责，具体落实。

（三）各成员单位应积极参加部际联席会议，相互配合，相互支持，形成合力，充分发挥部际联席会议的作用。

附件 3

非物质文化遗产保护工作部际联席会议成员名单

召集人：孙家正　（文化部部长）
成　员：周和平　（文化部副部长）
　　　　李盛霖　（发展改革委副主任）
　　　　章新胜　（教育部副部长）
　　　　周明甫　（国家民委副主任）
　　　　张少春　（财政部部长助理）
　　　　仇保兴　（建设部副部长）
　　　　顾朝曦　（旅游局副局长）
　　　　齐晓飞　（宗教局副局长）
　　　　童明康　（文物局副局长）
秘书长：周和平（兼）

中宣部、中央文明办、教育部、民政部、文化部关于运用传统节日弘扬民族文化的优秀传统的意见

文明办〔2005〕11号

为深入贯彻落实党的十六大和十六届三中、四中全会精神，大力弘扬和培育以爱国主义为核心的民族精神，传承中华民族文化的优秀传统，推动社会主义文化的发展繁荣，现就运用传统节日弘扬民族文化的优秀传统，提出如下意见：

一、运用传统节日弘扬民族文化的优秀传统的重要意义和原则要求

中华民族历史悠久，源远流长。中国传统节日，凝结着中华民族的民族精神和民族情感，承载着中华民族的文化血脉和思想精华，是维系国家统一、民族团结和社会和谐的重要精神纽带，是建设社会主义先进文化的宝贵资源。在中华民族的历史发展进程中，传统节日以其丰富的文化内涵和周期性、民族性、群众性的特点，深深融入人们的日常生活和精神世界，滋养着民族的生命力、创造力和凝聚力，推动着中华文化历久弥新、不断发展壮大。

近年来，随着物质生活水平的提高，人们对精神文化生活的需求迅速增长，对亲情、友情、和谐、美满的渴求更加强烈，传统节日越来越受到社会各界的重视和关注，传统节庆活动在各地

广泛开展，人们的节日生活日益丰富多彩，中华民族文化的优秀传统不断发扬光大。同时也要看到，随着我国社会的深刻变革，社会生活多样、多元、多变的特征日趋明显，人们的交往方式和情感表达方式发生了很大变化，而我国的传统节日无论在文化内涵的挖掘上，还是在节庆活动内容和形式的创新上，都还不能适应社会发展和人民群众的要求。面对构建社会主义和谐社会的战略任务，面对人民群众日益增长的精神文化需求，面对世界范围内各种思想文化的相互激荡，充分运用民族传统节日，大力弘扬民族文化的优秀传统，对于推动形成团结互助、融洽相处的人际关系和平等友爱、温馨和谐的社会环境，对于进一步增强中华民族的凝聚力和认同感、推进祖国统一和民族振兴，对于不断发展壮大中华文化、维护国家文化利益和文化安全，具有十分重要的意义。

运用传统节日弘扬民族文化的优秀传统，要坚持以邓小平理论和"三个代表"重要思想为指导，按照构建社会主义和谐社会的要求，大力弘扬以爱国主义为核心的伟大民族精神，积极倡导文明、和谐、喜庆、节俭的节日理念，努力发展健康向上的节庆文化，引导人们科学认识和把握传统节日习俗，剔除封建糟粕，赋予新的时代内涵，使民族传统节日成为展示和传播优秀民族文化的重要阵地，成为弘扬和培育伟大民族精神的重要载体，成为满足人民群众精神文化生活需要的重要渠道。要坚持与时俱进，贴近实际、贴近生活、贴近群众，深入挖掘传统节日的文化内涵，积极创新传统节日的形式和载体，使传统节日与现代生活方式相适应，与现代社会人际交往相结合，与商业营销形成互动，不断增强节庆活动的群众性、广泛性和吸引力、感染力，始终保持传统节日旺盛的生机和活力。要坚持把满足人民群众精神文化需求作为根本目的，通过节庆活动增进人们的情感交流，丰富人们的精神世界，满足人们的精神需求，增强人们的精神力量，让各族各界群众在欢乐祥和的节日气氛中充分享受社会文明进步的成果。

二、突出传统节日的文化内涵

传统节日，是中华民族文化的优秀传统的重要载体。要紧紧围绕节日主题，突出传统节日的文化内涵，充分展现和传承中华民族文化的优秀传统。在我国众多的传统节日中，春节、清明节、端午节、中秋节和重阳节最具广泛性和代表性，是我国最重要的民族传统节日。春节期间，要突出辞旧迎新、祝福团圆平安、兴旺发达的主题，营造家庭和睦、安定团结、欢乐祥和的喜庆氛围。清明节期间，要突出纪念先人、缅怀先烈的主题，引导人们正确认识和理解中华民族优良传统和革命传统，慎终追远，珍惜幸福生活。端午节期间，要突出人与自然和谐共处的主题，利用群众性文化娱乐、体育健身和科普宣传活动，增强人们的爱国情感，提高人们的科学意识。中秋节期间，要突出团结、团圆、庆丰收的主题，努力营造民族团结、国家统一、社会和谐、家庭幸福的节日氛围。重阳节期间，要突出敬老孝亲的主题，大力弘扬尊老敬老的传统美德。

传统节日中所蕴含的民族文化的优秀传统，是对青少年进行思想道德教育的宝贵资源。教育行政部门要研究制定把传统节日教育纳入国民教育体系的具体措施和办法，把传统节日教育纳入学校教学活动之中，推动民族文化的优秀传统进课堂、进教材。要在思想品德、语文、历史等课程设计和教材中，进一步充实介绍传统节日的内容，加强民族传统节日文化知识的普及工作，增强学生对传统节日的认知和理解，让广大青少年更好地了解传统节日、认同传统节日、喜爱传统节日。要把传统节日蕴含的中华民族传统美德，纳入学生日常行为习惯养成教育体系，同学生的日常思想品德教育和管理紧密结合起来。

三、精心组织重要传统节庆活动

节庆活动，是传统节日的重要组成部分。以活动为载体，吸引群众广泛参与，对于营造浓郁的节日氛围，弘扬民族文化的优秀传统，具有十分重要的意义。要适应群众的审美情趣、接受能力和心理特点，立足群众乐于参与和便于参与，不断创造新鲜多样的节庆活动方式，以丰富多彩的形式彰显民族文化的优秀传统。

要坚持从实际出发，广泛开展群众性节日民俗活动和文化娱乐活动，积极引导传统民间节庆文化，把节庆活动办成检阅民族文化成果，发扬民族文化的优秀传统的盛会。在节庆用品、用语上不断推陈出新，适应时代发展要求，运用现代科技手段，多制作一些美观大方、富有情趣的节庆文化产品，多创作一些易于传颂、有真情实感的节庆用语，多生产一些安全卫生、健康有益的节日食品，突出民族特色，体现人文关怀，增添节日魅力。把传统节庆文化作为重要的人文旅游资源，通过科学讲解、情景重现、参与互动等方式，让旅游者参入其中，亲身体验独具民族特色的节日习俗。组织好传统节日商品的研发和生产，引导商家用好节日商机，活跃节庆气氛。把传统节庆活动与精神文明创建活动有机结合起来，进一步拓展创建活动的渠道和空间，使传统节庆活动成为社会主义精神文明的重要载体。

四、充分发挥新闻媒体的作用

现代社会，大众媒体的作用和影响越来越大，已经成为影响国家生活、群众情绪和社会舆论的重要因素。要充分发挥新闻媒体对宣传民族传统节日的导向作用,切实加强对民族传统节日的舆论宣传,积极营造尊重民族传统节日、热爱民族传统节日、参与民族传统节日的浓厚氛围。

报刊、广播、电视和互联网等新闻媒体要把传统节日宣传作为重要任务,在节日期间开设专题、专栏,通过新闻报道、言论评论、专家访谈、群众讨论和公益广告等多种形式,多侧面、多角度地宣传介绍传统节日。中央主要新闻单位要发挥示范带头作用,特别是中央电视台要发挥善于节庆日策划的优势,精心组织节庆文艺晚会,在文化类栏目中安排播出介绍传统节日的专题片,在少儿频道安排播出适合少年儿童观看的动漫作品,丰富节日荧屏。人民网、新华网、光明网、央视国际等重点新闻网站,要建立专门的网页,开设网上节日论坛,形成网上节日宣传教育平台。

五、积极开展传统节日的研究和保护工作

加强对传统节日的研究和保护,是运用传统节日弘扬民族文化的优秀传统的基础性工作。要在已有工作的基础上,深入研究传统节日的有关理论和实践问题,积极探索保护传统节日的措施和办法,使传统节日得以不断传承和发展。

社科研究机构、高等学校要组织力量,对传统节日禁忌、祭祀、庆祝、娱乐等民风民俗,进行认真研究和系统整理,科学分析传统节日的历史价值和现实意义,深入挖掘传统节日的文化内涵和精神实质,不断丰富传统节日的内容和形式。有关研究要列入国家重点社科规划。要不断完善传统节日保护的法律体系,切实做好有关法律条文的司法解释,积极推动民族民间传统文化保护的立法工作,依法保护传统节日。文化部门要认真实施民族民间文化保护工程,切实加强民族民间文化保护工作,对具有历史、文化和科学价值的传统节日文化进行有效保护和合理利用。

六、切实加强对传统节日活动的管理和引导

各级党委宣传部门要认真做好传统节日的宣传教育工作,及时总结推广各地运用传统节日弘扬中华民族文化的优秀传统的好经验、好做法,依托传统节日广泛开展创建活动。文化部门要组织和鼓励作家、艺术家深入实际、深入生活、深入群众,创作生产一批体现传统节日思想文化内涵、弘扬民族文化的优秀传统的文艺精品,在节日期间组织文艺团体深入基层演出。民政部门要积极引导城市社区、乡村组织及基层企事业单位,开展健康向上、各具特色的节庆群众活动。广电部门要组织力量,制作播出一批介绍传统节日的影视作品,丰富群众的节日文化生活。新闻出版部门要认真做好传统节日图书和电子读物的出版规划工作,编辑出版一批高质量的图书。各类公益性文化设施以及与传统节日相关的名人故居、风景旅游点等,要通过组织专题讲座、图片展览和文体表演等方式,进一步扩大传统节日的社会影响。

我国是一个统一的多民族国家。各少数民族在长期的历史发展过程中,形成了各具特色的民族传统节日。少数民族传统节日,是中华民族文化的优秀传统的重要组成部分。当地各级人民政府要加强对相应节庆活动的组织与引导,充分尊重少数民族的节日习俗,积极开展丰富多彩的民族节庆活动,进一步增强民族团结,维护国家统一,弘扬中华民族文化的优秀传统。

中央宣传部
中央文明办
教育部
民政部
文化部
2005 年 6 月 17 日

中华人民共和国文化部令

第 39 号

《国家级非物质文化遗产保护与管理暂行办法》已经 2006 年 10 月 25 日文化部部务会议审议通过，现予发布，自 2006 年 12 月 1 日起施行。

部长 孙家正

2006 年 11 月 2 日

国家级非物质文化遗产保护与管理暂行办法

第一条 为有效保护和传承国家级非物质文化遗产，加强保护工作的管理，特制定本办法。

第二条 本办法所称"国家级非物质文化遗产"是指列入国务院批准公布的国家级非物质文化遗产名录中的所有非物质文化遗产项目。

第三条 国家级非物质文化遗产的保护，实行"保护为主、抢救第一、合理利用、传承发展"的方针，坚持真实性和整体性的保护原则。

第四条 国务院文化行政部门负责组织、协调和监督全国范围内国家级非物质文化遗产的保护工作。

省级人民政府文化行政部门负责组织、协调和监督本行政区域内国家级非物质文化遗产的保护工作。

国家级非物质文化遗产项目所在地人民政府文化行政部门，负责组织、监督该项目的具体保护工作。

第五条 国务院文化行政部门组织制定国家级非物质文化遗产保护整体规划，并定期对规划的实施情况进行检查。

省级人民政府文化行政部门组织制定本行政区域内国家级非物质文化遗产项目的保护规划，经国务院文化行政部门批准后组织实施，并于每年十一月底前向国务院文化行政部门提交保护规划本年度实施情况和下一年度保护工作计划。

第六条 国家级非物质文化遗产项目应当确定保护单位，具体承担该项目的保护与传承工作。保护单位的推荐名单由该项目的申报地区或者单位提出，经省级人民政府文化行政部门组织专家审议后，报国务院文化行政部门认定。

第七条 国家级非物质文化遗产项目保护单位应具备以下基本条件：

（一）有该项目代表性传承人或者相对完整的资料；

（二）有实施该项目保护计划的能力；

（三）有开展传承、展示活动的场所和条件。

第八条 国家级非物质文化遗产项目保护单位应当履行以下职责：

（一）全面收集该项目的实物、资料，并登记、整理、建档；

（二）为该项目的传承及相关活动提供必要条件；

（三）有效保护该项目相关的文化场所；

（四）积极开展该项目的展示活动；

（五）向负责该项目具体保护工作的当地人民政府文化行政部门报告项目保护实施情况，并接受监督。

第九条 国务院文化行政部门统一制作国家级非物质文化遗产项目标牌，由省级人民政府文化行政部门交该项目保护单位悬挂和保存。

第十条　国务院文化行政部门对国家级非物质文化遗产项目保护给予必要的经费资助。

县级以上人民政府文化行政部门应当积极争取当地政府的财政支持，对在本行政区域内的国家级非物质文化遗产项目的保护给予资助。

第十一条　国家级非物质文化遗产项目保护单位根据自愿原则，提出该项目代表性传承人的推荐名单，经省级人民政府文化行政部门组织专家评议后，报国务院文化行政部门批准。

第十二条　国家级非物质文化遗产项目代表性传承人应当符合以下条件：

（一）完整掌握该项目或者其特殊技能；

（二）具有该项目公认的代表性、权威性与影响力；

（三）积极开展传承活动，培养后继人才。

第十三条　国家级非物质文化遗产项目代表性传承人应当履行传承义务；丧失传承能力、无法履行传承义务的，应当按照程序另行认定该项目代表性传承人；怠于履行传承义务的，取消其代表性传承人的资格。

第十四条　国务院文化行政部门组织建立国家级非物质文化遗产数据库。有条件的地方，应建立国家级非物质文化遗产博物馆或者展示场所。

第十五条　国务院文化行政部门组织制定国家级非物质文化遗产实物资料等级标准和出入境标准。其中经文物部门认定为文物的，适用文物保护法律法规的有关规定。

第十六条　国家级非物质文化遗产项目保护单位和相关实物资料的保护机构应当建立健全规章制度，妥善保管实物资料，防止损毁和流失。

第十七条　县级以上人民政府文化行政部门应当鼓励、支持通过节日活动、展览、培训、教育、大众传媒等手段，宣传、普及国家级非物质文化遗产知识，促进其传承和社会共享。

第十八条 省级人民政府文化行政部门应当对国家级非物质文化遗产项目所依存的文化场所划定保护范围，制作标识说明，进行整体性保护，并报国务院文化行政部门备案。

第十九条 省级人民政府文化行政部门可以选择本行政区域内的国家级非物质文化遗产项目，为申报联合国教科文组织"人类非物质文化遗产代表作"，向国务院文化行政部门提出申请。

第二十条 国家级非物质文化遗产项目的名称和保护单位不得擅自变更；未经国务院文化行政部门批准，不得对国家级非物质文化遗产项目标牌进行复制或者转让。

国家级非物质文化遗产项目域名和商标的注册与保护，依据相关法律法规执行。

第二十一条 利用国家级非物质文化遗产项目进行艺术创作、产品开发、旅游活动等，应当尊重其原真形式和文化内涵，防止歪曲与滥用。

第二十二条 国家级非物质文化遗产项目含有国家秘密的，应当按照国家保密法律法规的规定确定密级，予以保护；含有商业秘密的，按照国家有关法律法规执行。

第二十三条 各级人民政府文化行政部门应当鼓励和支持企事业单位、社会团体和个人捐赠国家级非物质文化遗产实物资料或者捐赠资金和实物，用于国家级非物质文化遗产保护。

第二十四条 国务院文化行政部门对在国家级非物质文化遗产保护工作中有突出贡献的单位和个人，给予表彰奖励。

第二十五条 国务院文化行政部门定期组织对国家级非物质文化遗产项目保护情况的检查。

国家级非物质文化遗产项目保护单位有下列行为之一的，由县级以上人民政府文化行政部门责令改正，并视情节轻重予以警

告、严重警告,直至解除其保护单位资格:

(一)擅自复制或者转让标牌的;

(二)侵占国家级非物质文化遗产珍贵实物资料的;

(三)怠于履行保护职责的。

第二十六条 有下列行为之一的,对负有责任的主管人员和其他直接责任人员依法给予行政处分;构成犯罪的,依法追究刑事责任:

(一)擅自变更国家级非物质文化遗产项目名称或者保护单位的;

(二)玩忽职守,致使国家级非物质文化遗产所依存的文化场所及其环境造成破坏的;

(三)贪污、挪用国家级非物质文化遗产项目保护经费的。

第二十七条 本办法由国务院文化行政部门负责解释。

第二十八条 本办法自 2006 年 12 月 1 日起施行。

中华人民共和国文化部令

第 45 号

《国家级非物质文化遗产项目代表性传承人认定与管理暂行办法》已经 2008 年 5 月 14 日文化部部务会议审议通过，现予发布，自 2008 年 6 月 14 日起施行。

部长 蔡武
2008 年 5 月 14 日

国家级非物质文化遗产项目
代表性传承人认定与管理暂行办法

第一条 为有效保护和传承国家级非物质文化遗产，鼓励和支持国家级非物质文化遗产项目代表性传承人开展传习活动，根据国家有关规定，制定本办法。

第二条 本办法所称的"国家级非物质文化遗产项目代表性传承人"，是指经国务院文化行政部门认定的，承担国家级非物质文化遗产名录项目传承保护责任，具有公认的代表性、权威性与影响力的传承人。

第三条 认定国家级非物质文化遗产项目代表性传承人，应当坚持公开、公平、公正的原则，严格履行申报、审核、评审、公示、审批等程序。

第四条 符合下列条件的公民可以申请或者被推荐为国家级非物质文化遗产项目代表性传承人：

（一）掌握并承续某项国家级非物质文化遗产；

（二）在一定区域或领域内被公认为具有代表性和影响力；

（三）积极开展传承活动，培养后继人才。

从事非物质文化遗产资料收集、整理和研究的人员不得认定为国家级非物质文化遗产项目代表性传承人。

第五条 公民提出国家级非物质文化遗产项目代表性传承人申请的，应当向所在地县级以上文化行政部门提供以下材料：

（一）申请人基本情况，包括年龄、性别、文化程度、职业、工作单位等；

（二）该项目的传承谱系以及申请人的学习与实践经历；

（三）申请人的技艺特点、成就及相关的证明材料；

（四）申请人持有该项目的相关实物、资料的情况；

（五）其他有助于说明申请人代表性的材料。

国家级非物质文化遗产项目保护单位可以向所在地县级以上文化行政部门推荐该项目代表性传承人，但应当征得被推荐人的同意，推荐材料应当包括第一款各项内容。

项目保护单位属省级行政部门直属单位的，可以将推荐材料直接报送省级文化行政部门；项目保护单位属中央各部门直属单位的，可以将推荐材料直接报送国务院文化行政部门。

第六条 文化行政部门接到申请材料或推荐材料后，应当组织专家进行审核并逐级上报。

省级文化行政部门收到上述材料后，应当组织省级非物质文化遗产专家委员会进行评审，结合该项目在本行政区域内的分布情况，提出推荐名单和审核意见，连同原始申报材料和专家评审意见一并报送国务院文化行政部门。

第七条 国务院文化行政部门收到省级文化行政部门报送的申报材料后，结合申请项目在全国的分布情况，进行整理分类，组织该项目领域的专家组进行初评，由专家组提出初评意见。

第八条 国务院文化行政部门设立国家级非物质文化遗产项目代表性传承人评审委员会。评审委员会对各专家组的初评意见进行审核评议，提出国家级非物质文化遗产项目代表性传承人推荐名单。

第九条 国务院文化行政部门对评审委员会提出的代表性传承人的推荐名单向社会公示，公示期为15天。

第十条 国务院文化行政部门根据公示结果，审定国家级非物质文化遗产项目代表性传承人名单，并予以公布。

第十一条 国家级非物质文化遗产项目保护单位应采取文字、图片、录音、录像等方式，全面记录该项目代表性传承人掌握的非物质文化遗产表现形式、技艺和知识等，有计划地征集并保管代表性传承人的代表作品，建立有关档案。

第十二条 各级文化行政部门应对开展传习活动确有困难的国家级非物质文化遗产项目代表性传承人予以支持，支持方式主要有：

（一）资助传承人的授徒传艺或教育培训活动；

（二）提供必要的传习活动场所；

（三）资助有关技艺资料的整理、出版；

（四）提供展示、宣传及其他有利于项目传承的帮助。

对无经济收入来源、生活确有困难的国家级非物质文化遗产项目代表性传承人，所在地文化行政部门应积极创造条件，并鼓励社会组织和个人进行资助，保障其基本生活需求。

第十三条 国家级非物质文化遗产项目代表性传承人应承担以下义务：

（一）在不违反国家有关法律法规的前提下，根据文化行政部门的要求，提供完整的项目操作程序、技术规范、原材料要求、技艺要领等；

（二）制定项目传承计划和具体目标任务，报文化行政部门备案；

（三）采取收徒、办学等方式，开展传承工作，无保留地传授技艺，培养后继人才；

（四）积极参与展览、演示、研讨、交流等活动；

（五）定期向所在地文化行政部门提交项目传承情况报告。

第十四条　省级文化行政部门应于每年年底前将本行政区域国家级非物质文化遗产项目代表性传承人的情况报送国务院文化行政部门。

第十五条　国务院文化行政部门应当建立国家级非物质文化遗产项目代表性传承人档案。

国务院文化行政部门对做出突出贡献的国家级非物质文化遗产项目代表性传承人，给予表彰和奖励。

第十六条　国家级非物质文化遗产项目代表性传承人无正当理由不履行传承义务的，经省级文化行政部门核实后，报国务院文化行政部门批准，取消其代表性传承人资格，重新认定该项目的代表性传承人。

国家级非物质文化遗产项目代表性传承人丧失传承能力的，经省级文化行政部门核实后，报国务院文化行政部门，重新认定该项目的代表性传承人。

第十七条　本《暂行办法》由国务院文化行政部门负责解释。

第十八条　本《暂行办法》自 2008 年 6 月 14 日起施行。

财政部、文化部关于印发《国家非物质文化遗产保护专项资金管理暂行办法》的通知

财教〔2006〕71号

国家发展改革委、教育部、国家民委、建设部、国家旅游局、国家宗教局、国家文物局，各省、自治区、直辖市、计划单列市财政厅（局）、文化厅（局）：

为了规范和加强国家非物质文化遗产保护专项资金的管理，提高资金使用效益，根据《国务院办公厅关于加强我国非物质文化遗产保护工作的意见》（国办发〔2005〕18号）和国家有关财务法律制度规定，财政部、文化部制定了《国家非物质文化遗产保护专项资金管理暂行办法》，现印发给你们，请遵照执行。

附件：国家非物质文化遗产保护专项资金管理暂行办法

财政部　文化部
2006年7月13日

附件

国家非物质文化遗产
保护专项资金管理暂行办法

第一章 总 则

第一条 为了规范和加强国家非物质文化遗产保护专项资金（以下简称专项资金）的管理，提高资金使用效益，根据《国务院办公厅关于加强我国非物质文化遗产保护工作的意见》（国办发〔2005〕18号）和国家有关财政法律制度规定，结合我国非物质文化遗产保护工作实际，制定本办法。

第二条 专项资金的来源为中央财政拨款。专项资金的年度预算根据非物质文化遗产保护工作总体规划、年度工作计划及国家财力情况核定。

第三条 专项资金的管理和使用应当坚持统一管理、分级负责、合理安排、专款专用的原则。用于地方的保护项目补助经费适当向中西部地区倾斜。

第四条 专项资金的管理和使用严格执行国家有关法律法规和财务规章制度，并接受财政、审计和文化等相关部门的监督检查。

第二章 专项资金的分类及开支范围

第五条 专项资金分为保护项目补助经费和组织管理经费两大类。

第六条 保护项目补助经费是指对国家名录项目及其他重大项目进行保护、保存、研究、传承等方面所发生的支出，包括国家名录项目保护传承经费和其他重大项目保护补助经费。

（一）国家名录项目保护传承经费的主要开支范围包括：理论及技艺研究费、传承人及传习活动补助费、民俗活动补助费、资料抢救整理及出版费、文化生态区保护补助费等。

（二）其他重大项目保护补助经费的主要开支范围包括：国家名录项目以外的重大课题研究补助费、资料抢救整理及出版费等。

第七条 组织管理经费是指为保证非物质文化遗产保护工作正常开展所发生的各项支出，主要包括普查经费、宣传出版经费和专家咨询经费等。

第三章　专项资金的申报与管理

第八条 专项资金由地方各级文化行政部门和财政部门逐级申报，经省级文化行政部门和财政部门审核汇总后共同报文化部和财政部。单位或个人均可向当地文化行政部门和财政部门提出申请。凡越级上报或单方面上报的均不受理。

中央部门所属单位通过中央部门汇总后直接向文化部提出申报。

地方和中央部门出现内容相似的申请项目时，鼓励联合申报，同时遵循属地优先原则。

第九条 国家名录项目以外的其他重大项目保护补助经费，也按上述原则申报。

第十条 保护项目补助经费的申报时间为每年的5月30日前，申报样式见附件。

第十一条 文化部组织专家对当年项目申报材料进行评审，并根据财政部核定的当年专项资金预算总额，提出各项目的保护方案和补助额度建议报财政部。财政部批准后，由财政部和文化部将补助额度指标下达给省级财政部门和省级文化行政部门。

第十二条 省级财政部门收到专项经费补助通知后,按时将经费拨付用款单位。

第十三条 未完成项目的年度结余经费应当按照规定结转下年使用。

第十四条 已批准的项目经费预算必须严格执行,一般不做调整,如遇特殊情况确需调整或变动的,应报财政部批准。

第十五条 用专项资金购置的固定资产应按照国有资产管理的有关规定,纳入单位的固定资产账户进行核算与管理。

第十六条 纳入政府采购的项目应按照政府采购的有关规定执行。

第四章 专项资金的监督与检查

第十七条 建立健全专项资金使用的监督检查机制和绩效考评制度。文化部根据项目实施情况,组织或委托有关机构进行监督检查和绩效考评。

第十八条 项目实施完毕,省级文化行政部门和财政部门须对项目执行情况进行验收,并将验收结果报文化部备案。对重大项目,财政部可组织复查。

第十九条 有下列情形之一的,应当根据具体情况给予暂停核批新项目、停止拨款、收回补助经费的处理,并依法追究有关人员的责任:

(一)虚报基础条件而取得补助经费的;

(二)擅自变更补助项目内容的;

(三)截留、挪用和挤占专项资金的;

(四)因管理不善,给国家财产造成损失和浪费的;

(五)不具备项目实施条件的。

第五章 附 则

第二十条 本办法由财政部和文化部负责解释。
第二十一条 本办法自发布之日起施行。

文化部办公厅关于印发《中国非物质文化遗产标识管理办法》的通知

办社图发〔2007〕14 号

各省、自治区、直辖市文化厅（局），新疆生产建设兵团文化局：

为规范中国非物质文化遗产标识的使用和管理工作，我部制定了《中国非物质文化遗产标识管理办法》。现印发给你们，请结合本地实际，遵照执行。

特此通知。

附件：1. 中国非物质文化遗产标识管理办法
 2. 标识使用规范及说明
 3. 中国非物质文化遗产标识使用申请书

中华人民共和国文化部办公厅
2007 年 7 月 23 日

附件1：

中国非物质文化遗产标识管理办法

第一条 为规范中国非物质文化遗产标识的使用和管理工作，制定本办法。

第二条 本办法所称中国非物质文化遗产标识是指由中华人民共和国文化部确定并发布的中国非物质文化遗产图形标识(见附件3)。

第三条 文化部是中国非物质文化遗产标识的权利人。文化部授权中国非物质文化遗产保护中心对中国非物质文化遗产标识及其使用进行保护和管理,维护中国非物质文化遗产标识权利人的权益。

中国非物质文化遗产保护中心应当依照相关法规,加强对中国非物质文化遗产标识的使用管理。

第四条 任何单位、组织和个人使用中国非物质文化遗产标识时应当遵守本办法的规定。

第五条 使用中国非物质文化遗产标识,应当根据本办法附件一规定的式样和颜色用于相应场合,按比例放大或缩小,不得更改图形的比例关系和样式。

第六条 中国非物质文化遗产标识可用于公益活动和商业活动。

中国非物质文化遗产标识权利人鼓励将标识用于非物质文化遗产保护公益活动。使用人将中国非物质文化遗产标识用于商业活动,应当事先向中国非物质文化遗产保护中心提出申请,并取得许可。

第七条 将中国非物质文化遗产标识用于商业活动,是指以营利为目的,以下列方式使用中国非物质文化遗产标识:

(一)制造或者销售中国非物质文化遗产标识;

(二)将中国非物质文化遗产标识用于服务项目;

(三)将中国非物质文化遗产标识用于广告宣传、商业展览和营业性演出活动;

(四)销售、出口含有中国非物质文化遗产标识的商品;

(五)将中国非物质文化遗产标识用于商品、商品包装或者容器以及商品交易文书；

（六）其他使用中国非物质文化遗产标识的相关商业行为。

第八条 将中国非物质文化遗产标识用于商业活动，应当向中国非物质文化遗产保护中心提交《中国非物质文化遗产标识使用申请书》（见附件2）一式两份，以及申请人法人营业执照或法人资格证明文件的副本原件或复印件，并加盖申请人公章。

经审核同意的，申请人应当与中国非物质文化遗产保护中心签订中国非物质文化遗产标识许可使用协议书。协议双方应当按照协议书的具体约定，行使权利，承担义务。

第九条 中国非物质文化遗产保护中心按照有关法律、行政法规和权利人的要求，处理中国非物质文化遗产标志用于商业活动的有关事务。所得收入，应当全部用于非物质文化遗产保护。

第十条 中国非物质文化遗产保护中心应当定期将中国非物质文化遗产标识使用和管理工作的情况报送中国非物质文化遗产标识权利人备案。

第十一条 本办法自发布之日起施行。

附件2：

标识使用规范及说明

（一）主标识

第三部分 国务院及其有关部门文件

(主标识网络制图)

1. 此为中国非物质文化遗产主标识形式。上方采用简体中文"中国非物质文化遗产";下方采用汉语拼音"ZHONGGUO FEIWUZHI WENHUA YICHAN",各民族自治地区可使用当地少数民族文字,在对外交往工作中可使用英文"CHINA IN-

TANGIBLE CULTURAL HERITAGE"或其他文字。

2. 中国非物质文化遗产标识外部图形为圆形，象征着循环，永不消失。内部图形为方形，与外圆对应，天圆地方，表明非物质文化遗产存在空间有极大的广阔性；

图形中心造型为古陶最早出现的纹样之一的鱼纹，鱼纹隐含一"文"字。"文"指非物质文化遗产，而鱼生于水，寓意中国非物质文化遗产源远流长，世代相传；

图形中心，抽象的双手上下共护于"文"字，意取团结、和谐、细心呵护和保护非物质文化遗产、守护精神家园的寓意；

标识图形传达出古朴和质拙感，一方面反映了非物质文化遗产的生存现状，另一方面彰显了中国政府和人民保护祖国非物质文化遗产的强烈责任心和使命感，表现出中华民族团结、奋进、向前的时代精神。

3. 主标识用于正式场合，如徽章、机构形象展示等。

（二）标识颜色

C25M100Y100K25

（标识标准色）

中国非物质文化遗产标识标准颜色为红色和白色，可根据不同需要使用其他颜色。

（三）标识其他使用方式

1.

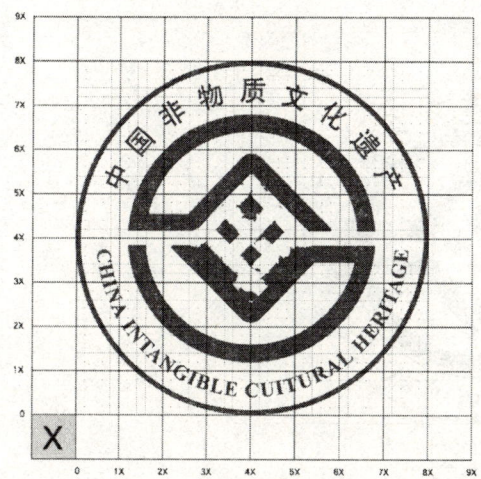

标识以外框单线形式出现,用于文字版式展现、海报效果等。

2.

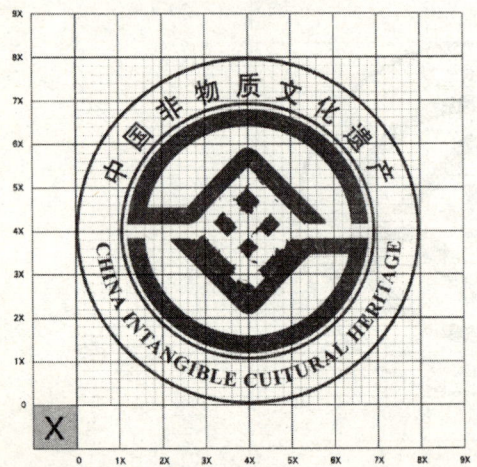

标识以外框双线形式出现,用于文字版式展现、海报效果等。

附件3：

中国非物质文化遗产标识使用申请书

项目名称	
责任单位	
标识使用者	
标识用途	
审批意见	

年　月　日

文化部、教育部、全国青少年校外教育工作联席会议办公室关于在未成年人校外活动场所开展非物质文化遗产传承教育活动的通知

文社图发〔2008〕41

为深入贯彻党的十七大精神,根据《中共中央、国务院关于进一步加强和改进未成年人思想道德建设的若干意见》和《中共中央办公厅、国务院办公厅关于进一步加强和改进未成年人校外活动场所建设和管理工作的意见》要求,弘扬中华优秀传统文化,推进素质教育,丰富中小学生的校外文化生活,文化部、教育部、全国青少年校外教育工作联席会议办公室决定在未成年人校外活动场所,开展中国非物质文化遗产青少年传承教育活动,现将有关事宜通知如下:

一、活动宗旨

推动未成年人校外活动场所开展具有当地特色的非物质文化遗产传承教育活动,让未成年人感受中华传统文化的价值和魅力,增强保护和传承非物质文化遗产的责任感;培养非物质文化遗产传承者;建设一支非物质文化遗产校外教育教师队伍。

二、活动场所

各级各类青少年学生校外活动场所,特别是"十五"期间国家彩票公益金扶持建设的青少年学生校外活动中心。

县以上各级文化馆、群艺馆等。

三、活动内容及方式

由各地文化部门组织当地非物质文化遗产专家、学者以及代表性传承人,深入青少年学生校外活动中心等场所,采取多种形式,定期定点为学生和教师进行授课、培训和辅导;向未成年人介绍当地非物质文化遗产的历史渊源、发展现状及文化价值,展示文化遗产魅力,教授传承技能;组织非物质文化遗产展示展演团队,开展生动活泼形式多样的非物质文化遗产示范性的教学展演展示活动;编纂中国非物质文化遗产青少年传承教育普及辅导读物;定期举办青少年非物质文化遗产知识竞答活动;举办各种非物质文化遗产青少年传承教育成果交流展演展示活动;条件成熟后再命名一批"中国非物质文化遗产青少年传承实践基地"。

四、活动组织

全国非物质文化遗产青少年传承教育活动,由文化部、教育部、全国青少年校外教育工作联席会议办公室统筹协调。各级文化、教育部门和校外教育工作联席会议办公室统筹协调本地区的传承教育活动。

五、工作步骤及要求

（一）各地要高度重视开展非物质文化遗产青少年传承教育活动，明确当地的牵头部门，制定工作方案，于11月30日前报送文化部社会文化司和教育部基础教育司。

（二）各地要根据当地的实际，有步骤有重点地开展非物质文化遗产传承教育和培训活动。在开展活动的基础上，以省为单位，按照活动内容及方式的具体要求，推荐"中国非物质文化遗产青少年传承实践基地"候选单位，教育部、文化部、全国青少年校外教育工作联席会议办公室将评审授牌。

（三）各级各类青少年学生校外活动场所，要把非物质文化遗产青少年传承教育活动纳入常规工作，选择适合青少年传承教育活动的非物质文化遗产名录，设计富有当地特色的活动方案，积极推进活动开展。

2011年5月8日

文化部关于加强国家级
文化生态保护区建设的指导意见

文非遗发〔2010〕7号

各省、自治区、直辖市文化厅（局），新疆生产建设兵团文化局：

根据《国务院关于加强文化遗产保护的通知》（国发〔2005〕42号）、《国务院办公厅关于加强我国非物质文化遗产保护工作的意见》（国办发〔2005〕18号）精神和《国家"十一五"时期文化发展规划纲要》要求，文化部开展了文化生态保护区建设工作。为进一步深化非物质文化遗产保护，加强国家级文化生态保护区建设，现提出以下指导意见：

一、国家级文化生态保护区建设的重要意义

国家级文化生态保护区是指以保护非物质文化遗产为核心，对历史文化积淀丰厚、存续状态良好，具有重要价值和鲜明特色的文化形态进行整体性保护，并经文化部批准设立的特定区域。

随着经济全球化趋势的增强和现代化进程的加快，我国的文化生态环境正发生急剧变化。《国家"十一五"时期文化发展规划纲要》明确提出，要"确定10个国家级民族民间文化生态保护区"。随着非物质文化遗产保护工作的深入开展，我国将逐步设立一批国家级文化生态保护区，设立国家级文化生态保护区，以非物质文化遗产为核心加强文化生态保护，对于推动非物质文化遗产的整体性保护和传承发展，维护文化生态系统的平衡和完

整；对于提高文化自觉，建设中华民族共有精神家园，增进民族团结，增强民族自信心和凝聚力；对于促进经济社会全面协调和可持续发展。具有重要的意义。

各地文化行政部门要进一步提高对国家级文化生态保护区建设重要性的认识，增强责任感和紧迫感，切实做好国家级文化生态保护区建设工作。

二、国家级文化生态保护区建设的方针和原则

国家级文化生态保护区建设要以科学发展观为指导，认真贯彻非物质文化遗产保护工作"保护为主、抢救第一、合理利用、传承发展"的指导方针。在文化生态保护区的建设工作中，应坚持以保护非物质文化遗产为核心的原则，坚持人文环境与自然环境协调、维护文化生态平衡的整体性保护原则，坚持尊重人民群众的文化主体地位的原则，坚持以人为本、活态传承的原则，坚持文化与经济社会协调发展的原则，坚持保护优先、开发服从保护的原则，坚持政府主导、社会参与的原则。

三、国家级文化生态保护区设立的条件

——传统文化历史积淀丰厚、存续状态良好，并为社会广泛认同；

——非物质文化遗产资源丰富，分布较为集中，且具有较高的历史、文化、科学价值和鲜明的区域特色、民族特色；

——非物质文化遗产所依存的自然生态环境和人文生态环境良好；

——当地群众的文化认同与参与保护的自觉性较高；

——当地人民政府重视文化生态保护区建设工作，保护措施

有力。

四、国家级文化生态保护区设立的程序

各省、自治区、直辖市文化厅（局）要组几织专家对申请设立国家级文化生态保护区的地区进行实地考察，并对申请地区编制的《文化生态保护区规划纲要》进行论证，经省级人民政府同意后，将申请地区人民政府和省、自治区、直辖市文化厅（局）设立文化生态保护区的申请、省级人民政府同意设立文化生态保护区的函件、专家论证意见以及《文化生态保护区规划纲要》等申报材料一并报送文化部。

在对各地报送的国家级文化生态保护区的申报材料进行认真审核的基础上，文化部组织专家对申请地区进行实地考察，并对《文化生态保护区规划纲要》进行论证、评审。经论证、评审通过的申请地区，文化部将设立为国家级文化生态保护实验区。国家级文化生态保护实验区建设取得一定成果和经验后，文化部组织专家进行验收，验收合格后命名为国家级文化生态保护区。

五、国家级文化生态保护区建设的基本措施

（一）科学制定文化生态保护区总体规划。制定总体规划是建设文化生态保护区的前提条件。要在调查研究、统筹协调和科学论证的基础上，组织制定文化生态保护区总体规划。总体规划应当体现人与自然和谐相处、文化遗产保护与区域经济社会全面协调发展的要求几，突出非物质文化遗产几资源的独特价值、文化内涵和民族特色、地方特色。总体规划要详实具体，内容应包括文化生态保护区文化资源与文化生态的现状与分析；文化生态保护区的建设目标、工作原则与保护内容；文化生态保护区的保

护范围与重点区域；文化生态保护区的保护方式、保护措施与保障措施；总体规划的分期实施方案等。要将《文化生态保护区总体规划》纳入当地经济社会发展总体规划。

（二）确定重点区域进行整体性保护。在文化生态保护区中选择若干自然生态环境基本良好、传统文化生态保持较为完整的街道、社区或乡镇、村落等，作为实施整体性保护的重点区域。要注意保持重点区域的历史风貌和传统文化生态，不得改变与其相互依存的自然景观和环境。要注重非物质文化遗产的不同项目之间，非物质文化遗产与物质文化遗产之间，文化遗产与自然环境、人文环境之间的关联性，将单一项目、单一形态的保护模式，转变为多种文化表现形式的综合性保护。文化生态保护区内涉及文物、历史文化街区、名镇、名村、名城自然保护区、风景名胜区的，应当执行国家有关法律、法规的规定。

（三）加强非物质文化遗产名录项目的保护。要根据各级非物质文化遗产名录项目特别是国家级名录项目的不同类别特点，因地制宜、因类制宜地采取针对性保护措施，做好保护工作。对传统表演艺术类的项目，要注重传统剧（节）目及其资料的挖掘和整理，及时抢救记录老艺人及其代表性剧（节）目；对传统技艺类的项目，要注重代表性传承人的技艺传承及原材料保护，征集代表性传承人主要代表作品，鼓励探索生产性保护方式；对民俗类的项目，注重在相关社区的宣传、教育和民俗活动的开展，促进群体传承。对区域内濒危的非物质文化遗产名录项目，要优先抢救保护。要建立非物质文化遗产档案和数据库。

（四）加强非物质文化遗产名录项目代表性传承人的保护。要继续对文化生态保护区内各级非物质文化遗产名录项目代表性传承人进行认定和命名，为其开展传习活动提供必要的场所，资助其开展授徒传艺、教学、交流等活动，对高龄和无固定经济来源的代表性传承人，可发放一定的生活补贴，对传承工作有突出贡献的代表性传承人给予表彰、奖励；对学艺者采取助学、奖学等方式，鼓励其学习、掌握非物质文化遗产，成为后继人才。

（五）加强非物质文化遗产基础设施建设。非物质文化遗产基础设施是展示和传习非物质文化遗产的重要场所。国家级文化生态保护区要在统筹规划的基础上，建设一个以上的国有综合性非物质文化遗产展示馆，根据当地实际建设非物质文化遗产专题展示馆，为各级非物质文化遗产名录项目建设传习所；鼓励个人、企事业单位等社会力量建设多种形式的非物质文化遗产专题展示馆和传习所；要注重非物质文化遗产珍贵实物资料和传承人代表性作品的征集，并进行科学的展示陈列，充分发挥非物质文化遗产基础设施在保护、传承、展示、宣传非物质文化遗产等方面的积极作用。

（六）加强文化生态保护区理论和政策研究。文化生态保护区内有种类繁多的非物质文化遗产，对这些非物质文化遗产的历史与现状，对它们的文化艺术价值、对它们的传承发展和开发利用的规律要进行深入研究。同时，鼓励在文化生态保护区内建立相应的研究机构，积极开展与文化生态保护区有关的理论研究和政策研究。充分发挥研究机构和高等院校的作用，利用国内外学术研讨会、理论论坛、座谈会、交流会等方式，深入研究文化生态保护区建设中遇到的新情况、新问题，为文化生态保护区的建设提供理论依据和决策参考。

（七）加强非物质文化遗产教育传承。在文化生态保护区内要整合文化、教育等多方资源，将非物质文化遗产保护知识纳入当地教育体系，积极推进非物质文化遗产进课堂、进教材、进校园，通过组织代表性传承人进学校开展授课辅导活动，编写非物质文化遗产传承普及和辅导读本，在中小学开设非物质文化遗产项目选修课程，在保护区内的职业学校和高等院校设立非物质文化遗产相关专业等方式，使非物质文化遗产成为对青少年进行传统文化教育和爱国主义教育的重要载体。培养新的传承群体，探索多种形式的传承方式。

（八）加强非物质文化遗产保护人才队伍建设。人才队伍是做好非物质文化遗产保护工作的关键。要通过组织培训班、现场考察学习、经验交流等方式，开展文化生态保护人员培训工作，提高保护人员的业务水平和工作能力。要与高等院校、科研院所密切协作，设置非物质文化遗产保护相关专业，培养一批非物质文化遗产保护专业人才，为文化生态保护区建设提供人才支撑。

（九）突出社会公众的文化主体地位。文化生态保护区内广大人民群众的参与程度是衡量保护区建设成效的决定因素。要充分理解和尊重文化生态保护区内社会公众的意愿，增进社会公众的文化认同感和自豪感，对积极有益的民俗活动给予支持，鼓励民众积极参与非物质文化遗产生产性保护、民俗节庆活动等，激发社会公众的保护意识，提升社会公众的文化自觉，充分调动社会公众参与文化生态保护区建设的主动性和创造性。

（十）营造有利于文化生态可持续发展的良好社会氛围。充分利用报刊、广播电视、互联网等新闻媒体对文化生态保护区建设进行宣传报道，利用"文化遗产日"、民族传统节日，大力开展丰富多彩的群众文化活动，鼓励开展健康有益的民俗文化活动，增强人们自觉参与文化生态保护的意识，努力营造文化生态保护的良好氛围。

六、国家级文化生态保护区建设的工作机制

（一）发挥政府主导作用。国家级文化生态保护区建设要充分发挥政府主导作用，加强领导，建立由有关政府领导牵头，各相关部门共同参与的领导机构。要将文化生态保护区建设纳入本地区经济社会发展规划和工作考核目标，并根据文化生态保护区

总体规划和当地特点制定出台文化生态保护区建设的相关政策。在文化行政部门设立日常工作机构，实施具体工作。

（二）加大资金投入。要将文化生态保护区建设纳入本地区公共文化服务体系建设，所需经费列入本级财政预算，同.时通过政策引导等措施，鼓励个人、企业和社会组织对文化生态保护区建设予以资助，多渠道吸纳社会资金投入。

（三）建立专家咨询机制。要成立文化生态保护区建设专家咨询机构，充分发挥专家的工作指导，咨询、参谋作用，结合工作实际开展理论研究，为文化生态保护区建设提供智力支持。

（四）调动社会各方面力量参与保护区建设。采取多种方式，广泛调动有关学术研究机构、高等院校、企事业单位、社会组织、个人等各种社会力量的积极性。形成合力，共同开展文化生态保护区建设工作。

（五）加强指导检查。各级文化行政部门要把国家级文化生态保护区建设作为文化建设的一项重要工作。文化部和各省、自治区、直辖市文化厅（局）要对国家级文化生态保护区总体规划的实施情况进行指导和检查，及时发现问题，纠正偏差，总结经验，改进工作。对国家级文化生态保护区建设成绩突出的地区，给予表彰奖励。

2010年2月10日

文化部办公厅关于宣传贯彻《中华人民共和国非物质文化遗产法》的通知

办非遗函〔2011〕148号

各省、自治区、直辖市文化厅（局），新疆生产建设兵团文化广播电视局，各计划单列市文化局：

《中华人民共和国非物质文化遗产法》（以下简称《非物质文化遗产法》）已经第十一届全国人民代表大会常务委员会第十九次会议于2011年2月25日审议通过，将于2011年6月1日起正式施行。《非物质文化遗产法》的出台丰富了我国社会主义法律体系，开启了我国非物质文化遗产保护工作的新篇章，对继承和弘扬中华民族优秀传统文化，增强民族凝聚力和创造力，推动文化的大发展大繁荣将产生重大而深远的影响。为切实做好《非物质文化遗产法》学习、宣传和贯彻工作，现将有关事项通知如下：

一、深刻认识颁布实施《非物质文化遗产法》的重大意义

《非物质文化遗产法》是中国特色社会主义政治、经济、文化、社会一体战略布局中一部重要法律，体现了党和国家对文化建设的高度重视。充分认识《非物质文化遗产法》出台的重大意义，是准确把握法律的精神实质，贯彻实施好法律各项规定的重要前提。

《非物质文化遗产法》是完善中国特色社会主义法律体系，加强文化立法的重要步骤。《非物质文化遗产法》是继《文物保护法》颁布近30年来，文化领域的又一部重要法律，不仅提升

了文化立法的层次和水平,而且丰富了我国法律体系的内容,在文化建设立法中具有里程碑的意义。《非物质文化遗产法》的出台,为文化领域其他立法提供了有益借鉴。

《非物质文化遗产法》的出台为加强非物质文化遗产保护工作提供了坚实保障。《非物质文化遗产法》的出台,将党中央、国务院关于文化遗产保护的方针政策上升为国家意志,将非物质文化遗产保护的有效经验上升为法律制度,将各级政府部门保护非物质文化遗产的职责上升为法律责任,有利于建立健全科学有效的保护体系,为非物质文化遗产保护政策的长期实施和有效运行提供了坚实保障。

《非物质文化遗产法》的出台是我国履行国际公约义务的重要体现。在充分吸收国际公约精神的基础上,结合我国非物质文化遗产的保护实践制定《非物质文化遗产法》,是我国全面履行国际公约义务的体现,彰显了我国维护人类文化多样性的决心和努力,是我国为促进世界非物质文化遗产保护、维护人类文化多样性做出的积极贡献。

二、学习掌握《非物质文化遗产法》的主要内容和精神实质

《非物质文化遗产法》的颁布实施,为非物质文化遗产保护工作提出了新的、更高的要求。各级文化行政部门要加大培训力度,加强学习,切实提高非物质文化遗产保护工作人员依法保护的能力和水平。按照分级培训的原则,文化部负责培训省级非物质文化遗产骨干人员,省级文化行政主管部门负责培训市、县工作人员。同时,要通过座谈会、报告会、讲座等多种方式,邀请专家、学者和有关人员,有针对性地对《非物质文化遗产法》条文进行学习和解读。

学习《非物质文化遗产法》,要注重其提出的"一个目标"、"两大原则"和"三项制度"。

(一)明确了继承和弘扬中华民族优秀传统文化"一个目

标"。《非物质文化遗产法》开宗明义,明确提出立法目的是"继承和弘扬中华民族优秀传统文化,促进社会主义精神文明建设,加强非物质文化遗产保护、保存工作"。为了进一步体现这一目标,《非物质文化遗产法》从不同角度进行了制度设计:一是在调整范围上,对保护对象进行了明确界定。二是在法律性质上,定位于行政保护为主。三是在保护措施上,实行区别保护,确认国家采取认定、记录、建档等措施保存各类非物质文化遗产,采取传承、传播等方式保护具有历史、文学、艺术、科学价值的非物质文化遗产。

(二)提出了指导非物质文化遗产保护工作的"两大原则"。《非物质文化遗产法》规定了非物质文化遗产保护工作的两大基本原则:一是保护非物质文化遗产,应当注重其真实性、整体性和传承性。二是保护非物质文化遗产应当有利于增强中华民族的文化认同,有利于维护国家统一和民族团结,有利于促进社会和谐和可持续发展。这两大原则是我国非物质文化遗产保护经验的高度凝炼和总结,是我们在保护实践中遵循非物质文化遗产传承、衍变规律,处理好有关民族、宗教问题以及传统文化中的精华与糟粕等问题的重要指针。

(三)规定了非物质文化遗产保护的"三项制度"。《非物质文化遗产法》设立了非物质文化遗产保护的三项重要制度,分别是调查制度、代表性项目名录制度、传承与传播制度:《非物质文化遗产法》对县级以上人民政府、各有关部门、公民、法人和其他组织的调查以及境外组织或个人在我国境内的调查分别做出了规定;明确了建立代表性项目名录的程序规范和保护要求;非物质文化遗产的传承与传播,既包括对代表性传承人的认定和扶持,也包括各级人民政府、有关部门及学校、新闻媒体、公共文化机构等在非物质文化遗产宣传、教育、传播方面的重要责任。

三、广泛宣传,增强全社会保护非物质文化遗产的法律意识

（一）各级文化行政部门要将《非物质文化遗产法》的宣传作为当前的重要工作，积极部署，努力营造密度高、声势大的舆论宣传氛围。要积极与宣传部门沟通，将《非物质文化遗产法》纳入重点宣传范围。

（二）扩大宣传对象范围。《非物质文化遗产法》的宣传要面向非物质文化遗产保护工作者、面向传承人、面向群众，宣传活动要进机关、进乡村、进社区、进学校、进企业、进单位，要覆盖到方方面面，不留空白，不断提高广大社会公众依法保护非物质文化遗产的意识。

（三）明确宣传主要内容。一是《非物质文化遗产法》中的法律条文和精神实质；二是我国非物质文化遗产保护工作取得的进展和成绩；三是抢救我国非物质文化遗产的紧迫性；四是在非物质文化遗产保护工作中涌现的先进典型。

（四）利用多种宣传方式。一是要充分发挥新闻媒体的宣传优势，积极支持新闻媒体的采访活动，努力争取在新闻媒体开设非物质文化遗产保护专栏、专版，组织新闻媒体开展专题采访、报道，鼓励新闻媒体对非物质文化遗产及其保护工作进行宣传展示；二是要结合"文化遗产日"，组织策划一批有声势、有影响、有深度的《非物质文化遗产法》宣传活动；三是要积极发动图书馆、文化馆、博物馆、科技馆等公共文化机构和非物质文化遗产学术研究机构、保护机构及文艺表演团体和场所，举办非物质文化遗产展览、展演、论坛、讲座、咨询等活动；四是要编印普法宣传材料。全国人大正在组织编制《非物质文化遗产法》相关释义，待其印发后，要积极制作普法宣传册、宣传画、标语等，提升综合宣传效果。

四、加强领导，抓好《非物质文化遗产法》贯彻实施工作

各级文化行政部门要从贯彻落实科学发展观、构建社会主义和谐社会的高度，充分认识《非物质文化遗产法》颁布实施的重

大意义,做好贯彻落实工作,保障《非物质文化遗产法》的各项制度落到实处。

(一)强化组织领导,增强法制观念和法律意识。各级文化行政部门要将《非物质文化遗产法》学习、宣传和贯彻工作纳入重要议事日程。要精心安排,研究制定实施方案,明确工作的进度、分工等要求。要保障宣传贯彻工作的经费,加强督导检查,确保宣传贯彻工作落到实处。各级文化行政部门和非物质文化遗产保护机构的工作人员要认真学习领会《非物质文化遗产法》,不仅要明确原则要求,而且要熟悉其各项具体规定,强化依法行政、依法保护的观念,在实际工作中正确履行法律所赋予的权利和义务,真正做到有法必依、执法必严、违法必究。

(二)修订完善现有规章,推动出台地方性法规。文化部将根据《非物质文化遗产法》,对《国家级非物质文化遗产保护与管理暂行办法》、《国家级非物质文化遗产项目代表性传承人认定与管理暂行办法》以及《国家级非物质文化遗产代表作申报评定暂行办法》等进行修订和完善。各级文化行政部门要依据《非物质文化遗产法》,结合本地实际情况,积极与法制主管部门沟通,推动出台本级的非物质文化遗产地方性法规。同时,对现有的本级非物质文化遗产规章进行修订完善,确保非物质文化遗产法律制度落到实处。

(三)完善工作规划和长效保护机制。今年是"十二五"规划的开局之年,也是《非物质文化遗产法》实施的第一年。各级文化行政部门要结合《非物质文化遗产法》出台,对非物质文化遗产保护工作"十二五"规划进行完善,对近期工作计划进行适当调整,使其更加符合法律的要求,进一步提高针对性和操作性。同时,结合《非物质文化遗产法》的出台,进一步廓清非物质文化遗产保护工作科学规范、深入发展的思路,将法律设立的调查制度、代表性项目名录制度、传承与传播制度等进行细化,转化为各项长效工作机制，促进非物质文化遗产保护工作迈上新台阶。

一是完善调查制度。各地要注重非物质文化遗产调查成果的利用，将第一次全国非物质文化遗产普查收集的各种资料，进行系统化整理研究、建立档案及相关数据库、出版普查成果，对通过调查发现的濒危项目采取抢救性保护措施。征集有关的珍贵实物资料，开展重点项目专项调查。同时，结合工作实际，制定对境外组织和个人在我国境内开展非物质文化遗产调查的审批与管理办法。

二是强化名录保护机制。各地要进一步规范非物质文化遗产代表性项目名录申报评审工作，并将重心转移到保护上，制定富有针对性的分类保护标准规范，综合运用抢救性保护、整体性保护、生产性保护等多种方式，对各级非物质文化遗产代表性项目进行全面、系统、科学的保护。

三是健全传承机制。要进一步抓住"传"与"承"两个环节，进一步落实对代表性传承人的保护措施，研究制定对学艺者、继承者的助学、奖学等激励措施。同时，通过正规教育和非正规教育，推动非物质文化遗产代表性项目的传承与传播。

四是构建工作保障机制。各地文化行政部门要积极与有关部门协调，取得更多的支持，进一步加强机构队伍建设，加大经费投入和基础设施建设力度，出台税收优惠政策，为非物质文化遗产保护提供坚实保障。

特此通知。

2011 年 4 月 26 日

第四部分　国际公约及其相关文件

全国人民代表大会常务委员会关于批准《保护非物质文化遗产公约》的决定

(2004年8月28日第十届全国人民代表大会常务委员会第十一次会议通过)

第十届全国人民代表大会常务委员会第十一次会议决定：批准于2003年11月3日在第32届联合国教科文组织大会上通过的《保护非物质文化遗产公约》；同时声明，在中华人民共和国政府另行通知前，《保护非物质文化遗产公约》暂不适用于中华人民共和国香港特别行政区。

保护非物质文化遗产公约

联合国教育、科学及文化组织（以下简称教科文组织）大会于2003年9月29日至10月17日在巴黎举行的第32届会议，

参照现有的国际人权文书，尤其是1948年的《世界人权宣言》以及1966年的《经济、社会及文化权利国际公约》和《公民权利和政治权利国际公约》，

考虑到1989年的《保护民间创作建议书》、2001年的《教科文组织世界文化多样性宣言》和2002年第三次文化部长圆桌会议通过的《伊斯坦布尔宣言》强调非物质文化遗产的重要性，它是文化多样性的熔炉，又是可持续发展的保证，

考虑到非物质文化遗产与物质文化遗产和自然遗产之间的内在相互依存关系，

承认全球化和社会转型进程在为各群体之间开展新的对话创造条件的同时，也与不容忍现象一样，使非物质文化遗产面临损坏、消失和破坏的严重威胁，在缺乏保护资源的情况下，这种威胁尤为严重，

意识到保护人类非物质文化遗产是普遍的意愿和共同关心的事项，

承认各社区，尤其是原住民、各群体，有时是个人，在非物质文化遗产的生产、保护、延续和再创造方面发挥着重要作用，从而为丰富文化多样性和人类的创造性做出贡献，

注意到教科文组织在制定保护文化遗产的准则性文件，尤其是1972年的《保护世界文化和自然遗产公约》方面所做的具有深远意义的工作，

还注意到迄今尚无有约束力的保护非物质文化遗产的多边文件，

考虑到国际上现有的关于文化遗产和自然遗产的协定、建议书和决议需要有非物质文化遗产方面的新规定有效地予以充实和补充，

考虑到必须提高人们，尤其是年轻一代对非物质文化遗产及其保护的重要意义的认识，

考虑到国际社会应当本着互助合作的精神与本公约缔约国一起为保护此类遗产做出贡献，

忆及教科文组织有关非物质文化遗产的各项计划，尤其是"宣布人类口头遗产和非物质遗产代表作"计划，

认为非物质文化遗产是密切人与人之间的关系以及他们之间进行交流和了解的要素，它的作用是不可估量的，

于2003年10月17日通过本公约。

第一章 总　则

第一条 本公约的宗旨

本公约的宗旨如下：

（一）保护非物质文化遗产；

（二）尊重有关社区、群体和个人的非物质文化遗产；

（三）在地方、国家和国际一级提高对非物质文化遗产及其相互欣赏的重要性的意识；

（四）开展国际合作及提供国际援助。

第二条 定　义

在本公约中：

（一）"非物质文化遗产"，指被各社区、群体，有时是个人，视为其文化遗产组成部分的各种社会实践、观念表述、表现形式、知识、技能以及相关的工具、实物、手工艺品和文化场所。这种非物质文化遗产世代相传，在各社区和群体适应周围环境以及与自然和历史的互动中，被不断地再创造，为这些社区和群体提供认同感和持续感，从而增强对文化多样性和人类创造力的尊重。在本公约中，只考虑符合现有的国际人权文件，各社区、群体和个人之间相互尊重的需要和顺应可持续发展的非物质文化遗产。

（二）按上述第（一）项的定义，"非物质文化遗产"包括以下方面：

1. 口头传统和表现形式，包括作为非物质文化遗产媒介的语言；
2. 表演艺术；
3. 社会实践、仪式、节庆活动；
4. 有关自然界和宇宙的知识和实践；
5. 传统手工艺。

（三）"保护"指确保非物质文化遗产生命力的各种措施，包括这种遗产各个方面的确认、立档、研究、保护、保存、宣传、弘扬、传承（特别是通过正规和非正规教育）和振兴。

（四）"缔约国"指受本公约约束且本公约在它们之间也通用的国家。

（五）本公约经必要修改对根据第三十三条所述之条件成为其缔约方之领土也适用。在此意义上，"缔约国"亦指这些领土。

第三条 与其他国际文书的关系

本公约的任何条款均不得解释为：

（一）改变与任一非物质文化遗产直接相关的世界遗产根据1972年《保护世界文化和自然遗产公约》所享有的地位，或降低受其保护的程度；

（二）影响缔约国从其作为缔约方的任何有关知识产权或使用生物和生态资源的国际文书所获得的权利和所负有的义务。

第二章 公约的有关机关

第四条 缔约国大会

一、兹建立缔约国大会，下称"大会"。大会为本公约的最高权力机关。

二、大会每两年举行一次常会。如若它做出此类决定或政府间保护非物质文化遗产委员会或至少三分之一的缔约国提出要求，可举行特别会议。

三、大会应通过自己的议事规则。

第五条 政府间保护非物质文化遗产委员会

一、兹在教科文组织内设立政府间保护非物质文化遗产委员会，下称"委员会"。在本公约依照第三十四条的规定生效之后，委员会由参加大会之缔约国选出的18个缔约国的代表组成。

二、在本公约缔约国的数目达到50个之后，委员会委员国的数目将增至24个。

第六条　委员会委员国的选举和任期

一、委员会委员国的选举应符合公平的地理分配和轮换原则。

二、委员会委员国由本公约缔约国大会选出，任期四年。

三、但第一次选举当选的半数委员会委员国的任期为两年。这些国家在第一次选举后抽签指定。

四、大会每两年对半数委员会委员国进行换届。

五、大会还应选出填补空缺席位所需的委员会委员国。

六、委员会委员国不得连选连任两届。

七、委员会委员国应选派在非物质文化遗产各领域有造诣的人士为其代表。

第七条　委员会的职能

在不妨碍本公约赋予委员会的其他职权的情况下，其职能如下：

（一）宣传公约的目标，鼓励并监督其实施情况；

（二）就好的做法和保护非物质文化遗产的措施提出建议；

（三）按照第二十五条的规定，拟订利用基金资金的计划并提交大会批准；

（四）按照第二十五条的规定，努力寻求增加其资金的方式方法，并为此采取必要的措施；

（五）拟订实施公约的业务指南并提交大会批准；

（六）根据第二十九条的规定，审议缔约国的报告并将报告综述提交大会；

（七）根据委员会制定的、大会批准的客观遴选标准，审议缔约国提出的申请并就以下事项做出决定：

1. 列入第十六条、第十七条和第十八条述及的名录和提名；
2. 按照第二十二条的规定提供国际援助。

第八条 委员会的工作方法

一、委员会对大会负责。它向大会报告自己的所有活动和决定。

二、委员会以其委员的三分之二多数通过自己的议事规则。

三、委员会可设立其认为执行任务所需的临时特设咨询机构。

四、委员会可邀请在非物质文化遗产各领域确有专长的任何公营或私营机构以及任何自然人参加会议,就任何具体的问题向其请教。

第九条 咨询组织的认证

一、委员会应建议大会认证在非物质文化遗产领域确有专长的非政府组织具有向委员会提供咨询意见的能力。

二、委员会还应向大会就此认证的标准和方式提出建议。

第十条 秘书处

一、委员会由教科文组织秘书处协助。

二、秘书处起草大会和委员会文件及其会议的议程草案和确保其决定的执行。

第三章 在国家一级保护非物质文化遗产

第十一条 缔约国的作用

各缔约国应该:

(一)采取必要措施确保其领土上的非物质文化遗产受到保护;

(二)在第二条第(三)项提及的保护措施内,由各社区、群体和有关非政府组织参与,确认和确定其领土上的各种非物质文化遗产。

第十二条 清 单

一、为了使其领土上的非物质文化遗产得到确认以便加以保护,各缔约国应根据自己的国情拟订一份或数份关于这类遗产的清单,并应定期加以更新。

二、各缔约国在按第二十九条的规定定期向委员会提交报告时,应提供有关这些清单的情况。

第十三条 其他保护措施

为了确保其领土上的非物质文化遗产得到保护、弘扬和展示,各缔约国应努力做到:

(一)制定一项总的政策,使非物质文化遗产在社会中发挥应有的作用,并将这种遗产的保护纳入规划工作;

(二)指定或建立一个或数个主管保护其领土上的非物质文化遗产的机构;

(三)鼓励开展有效保护非物质文化遗产,特别是濒危非物质文化遗产的科学、技术和艺术研究以及方法研究;

(四)采取适当的法律、技术、行政和财政措施,以便:

1. 促进建立或加强培训管理非物质文化遗产的机构以及通过为这种遗产提供活动和表现的场所和空间,促进这种遗产的传承;

2. 确保对非物质文化遗产的享用,同时对享用这种遗产的特殊方面的习俗做法予以尊重;

3. 建立非物质文化遗产文献机构并创造条件促进对它的利用。

第十四条 教育、宣传和能力培养

各缔约国应竭力采取种种必要的手段,以便:

(一)使非物质文化遗产在社会中得到确认、尊重和弘扬,主要通过:

1. 向公众,尤其是向青年进行宣传和传播信息的教育计划;

2. 有关社区和群体的具体的教育和培训计划;

3. 保护非物质文化遗产,尤其是管理和科研方面的能力培养活动；

4.非正规的知识传播手段。

（二）不断向公众宣传对这种遗产造成的威胁以及根据本公约所开展的活动；

（三）促进保护表现非物质文化遗产所需的自然场所和纪念地点的教育。

第十五条 社区、群体和个人的参与

缔约国在开展保护非物质文化遗产活动时，应努力确保创造、延续和传承这种遗产的社区、群体，有时是个人的最大限度的参与，并吸收他们积极地参与有关的管理。

第四章 在国际一级保护非物质文化遗产

第十六条 人类非物质文化遗产代表作名录

一、为了扩大非物质文化遗产的影响，提高对其重要意义的认识和从尊重文化多样性的角度促进对话，委员会应该根据有关缔约国的提名编辑、更新和公布人类非物质文化遗产代表作名录。

二、委员会拟订有关编辑、更新和公布此代表作名录的标准并提交大会批准。

第十七条 急需保护的非物质文化遗产名录

一、为了采取适当的保护措施，委员会编辑、更新和公布急需保护的非物质文化遗产名录，并根据有关缔约国的要求将此类遗产列入该名录。

二、委员会拟订有关编辑、更新和公布此名录的标准并提交大会批准。

三、委员会在极其紧急的情况（其具体标准由大会根据委员会的建议加以批准）下，可与有关缔约国协商将有关的遗产列入第一款所提之名录。

第十八条 保护非物质文化遗产的计划、项目和活动

一、在缔约国提名的基础上,委员会根据其制定的、大会批准的标准,兼顾发展中国家的特殊需要,定期遴选并宣传其认为最能体现本公约原则和目标的国家、分地区或地区保护非物质文化遗产的计划、项目和活动。

二、为此,委员会接受、审议和批准缔约国提交的关于要求国际援助拟订此类提名的申请。

三、委员会按照它确定的方式,配合这些计划、项目和活动的实施,随时推广有关经验。

第五章 国际合作与援助

第十九条 合 作

一、在本公约中,国际合作主要是交流信息和经验,采取共同的行动,以及建立援助缔约国保护非物质文化遗产工作的机制。

二、在不违背国家法律规定及其习惯法和习俗的情况下,缔约国承认保护非物质文化遗产符合人类的整体利益,保证为此目的在双边、分地区、地区和国际各级开展合作。

第二十条 国际援助的目的

可为如下目的提供国际援助:

(一)保护列入《急需保护的非物质文化遗产名录》的遗产;

(二)按照第十一条和第十二条的精神编制清单;

(三)支持在国家、分地区和地区开展的保护非物质文化遗产的计划、项目和活动;

(四)委员会认为必要的其他一切目的。

第二十一条 国际援助的形式

第七条的业务指南和第二十四条所指的协定对委员会向缔约国提供援助作了规定,可采取的形式如下:

（一）对保护这种遗产的各个方面进行研究；

（二）提供专家和专业人员；

（三）培训各类所需人员；

（四）制订准则性措施或其他措施；

（五）基础设施的建立和营运；

（六）提供设备和技能；

（七）其他财政和技术援助形式，包括在必要时提供低息贷款和捐助。

第二十二条 国际援助的条件

一、委员会确定审议国际援助申请的程序和具体规定申请的内容，包括打算采取的措施、必需开展的工作及预计的费用。

二、如遇紧急情况，委员会应对有关援助申请优先审议。

三、委员会在做出决定之前，应进行其认为必要的研究和咨询。

第二十三条 国际援助的申请

一、各缔约国可向委员会递交国际援助的申请，保护在其领土上的非物质文化遗产。

二、此类申请亦可由两个或数个缔约国共同提出。

三、申请应包含第二十二条第一款规定的所有资料和所有必要的文件。

第二十四条 受援缔约国的任务

一、根据本公约的规定，国际援助应依据受援缔约国与委员会之间签署的协定来提供。二、受援缔约国通常应在自己力所能及的范围内分担国际所援助的保护措施的费用。

三、受援缔约国应向委员会报告关于使用所提供的保护非物质文化遗产援助的情况。

第六章 非物质文化遗产基金

第二十五条 基金的性质和资金来源

一、兹建立一项"保护非物质文化遗产基金",下称"基金"。

二、根据教科文组织《财务条例》的规定,此项基金为信托基金。

三、基金的资金来源包括:

(一)缔约国的纳款;

(二)教科文组织大会为此所拨的资金;

(三)以下各方可能提供的捐款、赠款或遗赠:

1. 其他国家;

2. 联合国系统各组织和各署(特别是联合国开发计划署)以及其他国际组织;

3. 公营或私营机构和个人。

(四)基金的资金所得的利息;

(五)为本基金募集的资金和开展活动之所得;

(六)委员会制定的基金条例所许可的所有其他资金。

四、委员会对资金的使用视大会的方针来决定。

五、委员会可接受用于某些项目的一般或特定目的的捐款及其他形式的援助,只要这些项目已获委员会的批准。

六、对基金的捐款不得附带任何与本公约所追求之目标不相符的政治、经济或其他条件。

第二十六条 缔约国对基金的纳款

一、在不妨碍任何自愿补充捐款的情况下,本公约缔约国至少每两年向基金纳一次款,其金额由大会根据适用于所有国家的统一的纳款额百分比加以确定。缔约国大会关于此问题的决定由出席会议并参加表决,但未做本条第二款中所述声明的缔约国的多数通过。在任何情况下,此纳款都不得超过缔约国对教科文组织正常预算纳款的百分之一。

二、但是,本公约第三十二条或第三十三条中所指的任何国家均可在交存批准书、接受书、核准书或加入书时声明不受本条第一款规定的约束。

三、已做本条第二款所述声明的本公约缔约国应努力通知联合国教育、科学及文化组织总干事收回所作声明。但是,收回声明之举不得影响该国在紧接着的下一届大会开幕之日前应缴的纳款。

四、为使委员会能够有效地规划其工作,已做本条第二款所述声明的本公约缔约国至少应每两年定期纳一次款,纳款额应尽可能接近它们按本条第一款规定应交的数额。

五、凡拖欠当年和前一日历年的义务纳款或自愿捐款的本公约缔约国不能当选为委员会委员,但此项规定不适用于第一次选举。已当选为委员会委员的缔约国的任期应在本公约第六条规定的选举之时终止。

第二十七条 基金的自愿补充捐款

除了第二十六条所规定的纳款,希望提供自愿捐款的缔约国应及时通知委员会以使其能对相应的活动做出规划。

第二十八条 国际筹资运动

缔约国应尽力支持在教科文组织领导下为该基金发起的国际筹资运动。

第七章 报 告

第二十九条 缔约国的报告

缔约国应按照委员会确定的方式和周期向其报告它们为实施本公约而通过的法律、规章条例或采取的其他措施的情况。

第三十条 委员会的报告

一、委员会应在其开展的活动和第二十九条提及的缔约国报告的基础上，向每届大会提交报告。

二、该报告应提交教科文组织大会。

第八章　过渡条款

第三十一条　与宣布人类口头和非物质遗产代表作的关系

一、委员会应把在本公约生效前宣布为"人类口头和非物质遗产代表作"的遗产纳入人类非物质文化遗产代表作名录。

二、把这些遗产纳入人类非物质文化遗产代表作名录绝不是预设按第十六条第二款将确定的今后列入遗产的标准。

三、在本公约生效后，将不再宣布其他任何人类口头和非物质遗产代表作。

第九章　最后条款

第三十二条　批准、接受或核准

一、本公约须由教科文组织会员国根据各自的宪法程序予以批准、接受或核准。

二、批准书、接受书或核准书应交存教科文组织总干事。

第三十三条　加　入

一、所有非教科文组织会员国的国家，经本组织大会邀请，均可加入本公约。

二、没有完全独立，但根据联合国大会第1514（XV）号决议被联合国承认为充分享有内部自治，并且有权处理本公约范围内的事宜，包括有权就这些事宜签署协议的地区也可加入本公约。

三、加入书应交存教科文组织总干事。

第三十四条　生　效

本公约在第三十份批准书、接受书、核准书或加入书交存之日起的三个月后生效,但只涉及在该日或该日之前交存批准书、接受书、核准书或加入书的国家。对其他缔约国来说,本公约则在这些国家的批准书、接受书、核准书或加入书交存之日起的三个月之后生效。

第三十五条 联邦制或非统一立宪制

对实行联邦制或非统一立宪制的缔约国实行下述规定:

(一)在联邦或中央立法机构的法律管辖下实施本公约各项条款的国家的联邦或中央政府的义务与非联邦国家的缔约国的义务相同;

(二)在构成联邦,但按照联邦立宪制无须采取立法手段的各个州、成员国、省或行政区的法律管辖下实施本公约的各项条款时,联邦政府应将这些条款连同其建议一并通知各个州、成员国、省或行政区的主管当局。

第三十六条 退 出

一、各缔约国均可宣布退出本公约。

二、退约应以书面退约书的形式通知教科文组织总干事。

三、退约在接到退约书十二个月之后生效。在退约生效日之前不得影响退约国承担的财政义务。

第三十七条 保管人的职责

教科文组织总干事作为本公约的保管人,应将第三十二条和第三十三条规定交存的所有批准书、接受书、核准书或加入书和第三十六条规定的退约书的情况通告本组织各会员国、第三十三条提到的非本组织会员国的国家和联合国。

第三十八条 修 订

一、任何缔约国均可书面通知总干事,对本公约提出修订建议。总干事应将此通知转发给所有缔约国。如在通知发出之日起六个月之内,至少有一半的缔约国回复赞成此要求,总干事应将此建议提交下一届大会讨论,决定是否通过。

二、对本公约的修订须经出席并参加表决的缔约国三分之二多数票通过。

三、对本公约的修订一旦通过，应提交缔约国批准、接受、核准或加入。

四、对于那些已批准、接受、核准或加入修订的缔约国来说，本公约的修订在三分之二的缔约国交存本条第三款所提及的文书之日起三个月之后生效。此后，对任何批准、接受、核准或加入修订的缔约国来说，在其交存批准书、接受书、核准书或加入书之日起三个月之后，本公约的修订即生效。

五、第三款和第四款所确定的程序对有关委员会委员国数目的第五条的修订不适用。此类修订一经通过即生效。

六、在修订依照本条第四款的规定生效之后成为本公约缔约国的国家如无表示异议，应

（一）被视为修订的本公约的缔约方；

（二）但在与不受这些修订约束的任何缔约国的关系中，仍被视为未经修订之公约的缔约方。

第三十九条　有效文本

本公约用英文、阿拉伯文、中文、西班牙文、法文和俄文拟定，六种文本具有同等效力。

第四十条　登　记

根据《联合国宪章》第一百零二条的规定，本公约应按教科文组织总干事的要求交联合国秘书处登记。

全国人民代表大会常务委员会关于批准《保护和促进文化表现形式多样性公约》的决定

(2006年12月29日第十届全国人民代表大会常务委员会第二十五次会议通过)

第十届全国人民代表大会常务委员会第二十五次会议决定:批准于2005年10月20日在第三十三届联合国教科文组织大会上通过的《保护和促进文化表现形式多样性公约》。

保护和促进文化表现形式多样性公约

(2005年10月20日联合国教育、科学及文化组织第三十三届会议通过)

序 言

联合国教育、科学及文化组织大会于2005年10月3日至21日在巴黎举行第三十三届会议,

(一)确认文化多样性是人类的一项基本特性,

(二)认识到文化多样性是人类的共同遗产,应当为了全人类的利益对其加以珍爱和维护,

（三）意识到文化多样性创造了一个多姿多彩的世界，它使人类有了更多的选择，得以提高自己的能力和形成价值观，并因此成为各社区、各民族和各国可持续发展的一股主要推动力，

（四）忆及在民主、宽容、社会公正以及各民族和各文化间相互尊重的环境中繁荣发展起来的文化多样性对于地方、国家和国际层面的和平与安全是不可或缺的，

（五）颂扬文化多样性对充分实现《世界人权宣言》和其他公认的文书主张的人权和基本自由所具有的重要意义，

（六）强调需要把文化作为一个战略要素纳入国家和国际发展政策，以及国际发展合作之中，同时也要考虑特别强调消除贫困的《联合国千年宣言》（2000年），

（七）考虑到文化在不同时间和空间具有多样形式，这种多样性体现为人类各民族和各社会文化特征和文化表现形式的独特性和多元性，

（八）承认作为非物质和物质财富来源的传统知识的重要性，特别是原住民知识体系的重要性，其对可持续发展的积极贡献，及其得到充分保护和促进的需要，

（九）认识到需要采取措施保护文化表现形式连同其内容的多样性，特别是当文化表现形式有可能遭到灭绝或受到严重损害时，

（十）强调文化对社会凝聚力的重要性，尤其是对提高妇女的社会地位、发挥其社会作用所具有的潜在影响力，

（十一）意识到文化多样性通过思想的自由交流得到加强，通过文化间的不断交流和互动得到滋养，

（十二）重申思想、表达和信息自由以及传媒多样性使各种文化表现形式得以在社会中繁荣发展，

（十三）认识到文化表现形式，包括传统文化表现形式的多样性，是个人和各民族能够表达并同他人分享自己的思想和价值

观的重要因素，

（十四）忆及语言多样性是文化多样性的基本要素之一，并重申教育在保护和促进文化表现形式中发挥着重要作用，

（十五）考虑到文化活力的重要性，包括对少数民族和原住民人群中的个体的重要性，这种重要的活力体现为创造、传播、销售及获取其传统文化表现形式的自由，以有益于他们自身的发展，

（十六）强调文化互动和文化创造力对滋养和革新文化表现形式所发挥的关键作用，他们也会增强那些为社会整体进步而参与文化发展的人们所发挥的作用，

（十七）认识到知识产权对支持文化创造的参与者具有重要意义，

（十八）确信传递着文化特征、价值观和意义的文化活动、产品与服务具有经济和文化双重性质，故不应视为仅具商业价值，

（十九）注意到信息和传播技术飞速发展所推动的全球化进程为加强各种文化互动创造了前所未有的条件，但同时也对文化多样性构成挑战，尤其是可能在富国与穷国之间造成种种失衡，

（二十）意识到联合国教科文组织肩负的特殊使命，即确保对文化多样性的尊重以及建议签订有助于推动通过语言和图像进行自由思想交流的各种国际协定，

（二十一）根据联合国教科文组织通过的有关文化多样性和行使文化权利的各种国际文书的条款，特别是 2001 年通过的《世界文化多样性宣言》，于 2005 年 10 月 20 日通过本公约。

第一章　目标与指导原则

第一条　目标

本公约的目标是：

（一）保护和促进文化表现形式的多样性；

（二）以互利的方式为各种文化的繁荣发展和自由互动创造条件；

（三）鼓励不同文化间的对话，以保证世界上的文化交流更广泛和均衡，促进不同文化间的相互尊重与和平文化建设；

（四）加强文化间性，本着在各民族间架设桥梁的精神开展文化互动；

（五）促进地方、国家和国际层面对文化表现形式多样性的尊重，并提高对其价值的认识；

（六）确认文化与发展之间的联系对所有国家，特别是对发展中国家的重要性，并支持为确保承认这种联系的真正价值而在国内和国际采取行动；

（七）承认文化活动、产品与服务具有传递文化特征、价值观和意义的特殊性；

（八）重申各国拥有在其领土上维持、采取和实施他们认为合适的保护和促进文化表现形式多样性的政策和措施的主权；

（九）本着伙伴精神，加强国际合作与团结，特别是要提高发展中国家保护和促进文化表现形式多样性的能力。

第二条 指导原则

一、尊重人权和基本自由原则

只有确保人权，以及表达、信息和交流等基本自由，并确保个人可以选择文化表现形式，才能保护和促进文化多样性。任何人都不得援引本公约的规定侵犯《世界人权宣言》规定的或受到国际法保障的人权和基本自由或限制其适用范围。

二、主权原则

根据《联合国宪章》和国际法原则，各国拥有在其境内采取保护和促进文化表现形式多样性措施和政策的主权。

三、所有文化同等尊严和尊重原则

保护与促进文化表现形式多样性的前提是承认所有文化，包括少数民族和原住民的文化在内，具有同等尊严，并应受到同等尊重。

四、国际团结与合作原则

国际合作与团结的目的应当是使各个国家，尤其是发展中国家都有能力在地方、国家和国际层面上创建和加强其文化表现手段，包括其新兴的或成熟的文化产业。

五、经济和文化发展互补原则

文化是发展的主要推动力之一，所以文化的发展与经济的发展同样重要，且所有个人和民族都有权参与两者的发展并从中获益。

六、可持续发展原则

文化多样性是个人和社会的一种财富。保护、促进和维护文化多样性是当代和后代的可持续发展的一项基本要求。

七、平等享有原则

平等享有全世界丰富多样的文化表现形式，所有文化享有各种表现形式和传播手段，是增进文化多样性和促进相互理解的要素。

八、开放和平衡原则

在采取措施维护文化表现形式多样性时，各国应寻求以适当的方式促进向世界其他文化开放，并确保这些措施符合本公约的目标。

第二章 适用范围

第三条 公约的适用范围

本公约适用于缔约方采取的有关保护和促进文化表现形式多样性的政策和措施。

第三章 定 义

第四条 定 义

在本公约中，应作如下理解：

（一）文化多样性。

"文化多样性"指各群体和社会借以表现其文化的多种不同形式。这些表现形式在他们内部及其间传承。

文化多样性不仅体现在人类文化遗产通过丰富多彩的文化表现形式来表达、弘扬和传承的多种方式，也体现在借助各种方式和技术进行的艺术创造、生产、传播、销售和消费的多种方式。

（二）文化内容。

"文化内容"指源于文化特征或表现文化特征的象征意义、艺术特色和文化价值。

（三）文化表现形式。

"文化表现形式"指个人、群体和社会创造的具有文化内容的表现形式。

（四）文化活动、产品与服务。

"文化活动、产品与服务"是指从其具有的特殊属性、用途或目的考虑时，体现或传达文化表现形式的活动、产品与服务，无论他们是否具有商业价值。文化活动可能以自身为目的，也可能是为文化产品与服务的生产提供帮助。

（五）文化产业。

"文化产业"指生产和销售上述第（四）项所述的文化产品或服务的产业。

（六）文化政策和措施。

"文化政策和措施"指地方、国家、区域或国际层面上针对文化本身或为了对个人、群体或社会的文化表现形式产生直接影响的各项政策和措施，包括与创作、生产、传播、销售和享有文化活动、产品与服务相关的政策和措施。

(七)保护。

名词"保护"意指为保存、卫护和加强文化表现形式多样性而采取措施。

动词"保护"意指采取这类措施。

(八)文化间性。

"文化间性"指不同文化的存在与平等互动,以及通过对话和相互尊重产生共同文化表现形式的可能性。

第四章 缔约方的权利和义务

第五条 权利和义务的一般规则

一、缔约方根据《联合国宪章》、国际法原则及国际公认的人权文书,重申拥有为实现本公约的宗旨而制定和实施其文化政策、采取措施以保护和促进文化表现形式多样性及加强国际合作的主权。

二、当缔约方在其境内实施政策和采取措施以保护和促进文化表现形式的多样性时,这些政策和措施应与本公约的规定相符。

第六条 缔约方在本国的权利

一、各缔约方可在第四条第(六)项所定义的文化政策和措施范围内,根据自身的特殊情况和需求,在其境内采取措施保护和促进文化表现形式的多样性。

二、这类措施可包括:

(一)为了保护和促进文化表现形式的多样性所采取的管理性措施;

(二)以适当方式在本国境内的所有文化活动、产品与服务中为本国的文化活动、产品与服务提供创作、生产、传播、销售和享有的机会的措施,包括规定上述活动、产品与服务所使用的语言；

（三）为国内独立的文化产业和非正规产业部门活动能有效获取生产、传播和销售文化活动、产品与服务的手段采取的措施；

（四）提供公共财政资助的措施；

（五）鼓励非营利组织以及公共和私人机构、艺术家及其他文化专业人员发展和促进思想、文化表现形式、文化活动、产品与服务的自由交流和流通，以及在这些活动中激励创新精神和积极进取精神的措施；

（六）建立并适当支持公共机构的措施；

（七）培育并支持参与文化表现形式创作活动的艺术家和其他人员的措施；

（八）旨在加强媒体多样性的措施，包括运用公共广播服务。

第七条　促进文化表现形式的措施

一、缔约方应努力在其境内创造环境，鼓励个人和社会群体：

（一）创作、生产、传播、销售和获取他们自己的文化表现形式，同时对妇女及不同社会群体，包括少数民族和原住民的特殊情况和需求给予应有的重视；

（二）获取本国境内及世界其他国家的各种不同的文化表现形式。

二、缔约方还应努力承认艺术家、参与创作活动的其他人员、文化界以及支持他们工作的有关组织的重要贡献，以及他们在培育文化表现形式多样性方面的核心作用。

第八条　保护文化表现形式的措施

一、在不影响第五条和第六条规定的前提下，缔约一方可以确定其领土上哪些文化表现形式属于面临消亡危险、受到严重威胁、或是需要紧急保护的情况。

二、缔约方可通过与本公约的规定相符的方式，采取一切恰当的措施保护处于第一款所述情况下的文化表现形式。

三、缔约方应向政府间委员会报告为应对这类紧急情况所采取的所有措施，该委员会则可以对此提出合适的建议。

第九条　信息共享和透明度

缔约方应：

（一）在向联合国教科文组织四年一度的报告中，提供其在本国境内和国际层面为保护和促进文化表现形式多样性所采取的措施的适当信息；

（二）指定一处联络点，负责共享有关本公约的信息；

（三）共享和交流有关保护和促进文化表现形式多样性的信息。

第十条　教育和公众认知

缔约方应：

（一）鼓励和提高对保护和促进文化表现形式多样性重要意义的理解，尤其是通过教育和提高公众认知的计划；

（二）为实现本条的宗旨与其他缔约方和相关国际组织及地区组织开展合作；

（三）通过制定文化产业方面的教育、培训和交流计划，致力于鼓励创作和提高生产能力，但所采取的措施不能对传统生产形式产生负面影响。

第十一条　公民社会的参与

缔约方承认公民社会在保护和促进文化表现形式多样性方面的重要作用。缔约方应鼓励公民社会积极参与其为实现本公约各项目标所作的努力。

第十二条　促进国际合作

缔约方应致力于加强双边、区域和国际合作，创造有利于促进文化表现形式多样性的条件，同时特别考虑第八条和第十七条所述情况，以便着重：

（一）促进缔约方之间开展文化政策和措施的对话；

（二）通过开展专业和国际文化交流及有关成功经验的交流，增强公共文化部门战略管理能力；

（三）加强与公民社会、非政府组织和私人部门及其内部的伙伴关系，以鼓励和促进文化表现形式的多样性；

（四）提倡应用新技术，鼓励发展伙伴关系以加强信息共享和文化理解，促进文化表现形式的多样性；

（五）鼓励缔结共同生产和共同销售的协定。

第十三条　将文化纳入可持续发展

缔约方应致力于将文化纳入其各级发展政策，创造有利于可持续发展的条件，并在此框架内完善与保护和促进文化表现形式多样性相关的各个环节。

第十四条　为发展而合作

缔约方应致力于支持为促进可持续发展和减轻贫困而开展合作，尤其要关注发展中国家的特殊需要，主要通过以下途径来推动形成富有活力的文化部门：

（一）通过以下方式加强发展中国家的文化产业：

1. 建立和加强发展中国家文化生产和销售能力；

2. 推动其文化活动、产品与服务更多地进入全球市场和国际销售网络；

3. 促使形成有活力的地方市场和区域市场；

4. 尽可能在发达国家采取适当措施，为发展中国家的文化活动、产品与服务进入这些国家提供方便；

5. 尽可能支持发展中国家艺术家的创作，促进他们的流动；

6. 鼓励发达国家与发展中国家之间开展适当的协作，特别是在音乐和电影领域。

（二）通过在发展中国家开展信息、经验和专业知识交流以及人力资源培训,加强公共和私人部门的能力建设,尤其是在战略管理能力、政策制定和实施、文化表现形式的促进和推广、中小企业和微型企业的发展、技术的应用及技能开发与转让等方面。

(三)通过采取适当的鼓励措施来推动技术和专门知识的转让,尤其是在文化产业和文化企业领域。

(四)通过以下方式提供财政支持:

1. 根据第十八条的规定设立文化多样性国际基金;

2. 提供官方发展援助,必要时包括提供技术援助,以激励和支持创作;

3. 提供其他形式的财政援助,比如提供低息贷款、赠款以及其他资金机制。

第十五条 协作安排

缔约方应鼓励在公共、私人部门和非营利组织之间及其内部发展伙伴关系,以便与发展中国家合作,增强他们在保护和促进文化表现形式多样性方面的能力。这类新型伙伴关系应根据发展中国家的实际需求,注重基础设施建设、人力资源开发和政策制定,以及文化活动、产品与服务的交流。

第十六条 对发展中国家的优惠待遇

发达国家应通过适当的机构和法律框架,为发展中国家的艺术家和其他文化专业人员及从业人员,以及那里的文化产品和文化服务提供优惠待遇,促进与这些国家的文化交流。

第十七条 在文化表现形式受到严重威胁情况下的国际合作

在第八条所述情况下,缔约方应开展合作,相互提供援助,特别要援助发展中国家。

第十八条 文化多样性国际基金

一、兹建立"文化多样性国际基金"(以下简称基金)。

二、根据教科文组织《财务条例》,此项基金为信托基金。

三、基金的资金来源为：

（一）缔约方的自愿捐款；

（二）教科文组织大会为此划拨的资金；

（三）其他国家、联合国系统组织和计划署、其他地区和国际组织、公共和私人部门以及个人的捐款、赠款和遗赠；

（四）基金产生的利息；

（五）为基金组织募捐或其他活动的收入；

（六）基金条例许可的所有其他资金来源。

四、政府间委员会应根据缔约方大会确定的指导方针决定基金资金的使用。

五、对已获政府间委员会批准的具体项目，政府间委员会可以接受为实现这些项目的整体目标或具体目标而提供的捐款及其他形式的援助。

六、捐赠不得附带任何与本公约目标不相符的政治、经济或其他条件。

七、缔约方应努力定期为实施本公约提供自愿捐款。

第十九条 信息交流、分析和传播

一、缔约方同意，就有关文化表现形式多样性以及对其保护和促进方面的先进经验的数据收集和统计，开展信息交流和共享专业知识。

二、教科文组织应利用秘书处现有的机制，促进各种相关的信息、统计数据和先进经验的收集、分析和传播。

三、教科文组织还应建立一个文化表现形式领域内各类部门和政府组织、私人及非营利组织的数据库，并更新其内容。

四、为了便于收集数据，教科文组织应特别重视申请援助的缔约方的能力建设和专业知识积累。

五、本条涉及的信息收集应作为第九条规定的信息收集的补充。

第五章 与其他法律文书的关系

第二十条 与其他条约的关系：相互支持，互为补充和不隶属

一、缔约方承认，他们应善意履行其在本公约及其为缔约方的其他所有条约中的义务。因此，在本公约不隶属于其他条约的情况下：

（一）缔约方应促使本公约与其为缔约方的其他条约相互支持；

（二）缔约方解释和实施其为缔约方的其他条约或承担其他国际义务时应考虑到本公约的相关规定。

二、本公约的任何规定不得解释为变更缔约方在其为缔约方的其他条约中的权利和义务。

第二十一条 国际磋商与协调

缔约方承诺在其他国际场合倡导本公约的宗旨和原则。为此，缔约方在需要时应进行相互磋商，并牢记这些目标与原则。

第六章 公约的机构

第二十二条 缔约方大会

一、应设立一个缔约方大会。缔约方大会应为本公约的全会和最高权力机构。

二、缔约方大会全会每两年一次，尽可能与联合国教科文组织大会同期举行。缔约方大会做出决定，或政府间委员会收到至少三分之一缔约方的请求，缔约方大会可召开特别会议。

三、缔约方大会应通过自己的议事规则。

四、缔约方大会的职能应主要包括以下方面：

（一）选举政府间委员会的成员；

（二）接受并审议由政府间委员会转交的缔约方报告；

（三）核准政府间委员会根据缔约方大会的要求拟订的操作指南；

（四）采取其认为有必要的其他措施来推进本公约的目标。

第二十三条　政府间委员会

一、应在联合国教科文组织内设立"保护与促进文化表现形式多样性政府间委员会"（以下简称政府间委员会）。政府间委员会由缔约方大会在本公约根据其第二十九条规定生效后选出的18个本公约缔约国的代表组成，任期四年。

二、政府间委员会每年举行一次会议。

三、政府间委员会根据缔约方大会的授权和在其指导下运作并向其负责。

四、一旦公约缔约方数目达到50个，政府间委员会的成员应增至24名。

五、政府间委员会成员的选举应遵循公平的地理代表性以及轮换的原则。

六、在不影响本公约赋予它的其他职责的前提下，政府间委员会的职责如下：

（一）促进本公约目标，鼓励并监督公约的实施；

（二）应缔约方大会要求，起草并提交缔约方大会核准履行和实施公约条款的操作指南；

（三）向缔约方大会转交公约缔约方的报告，并随附评论及报告内容概要；

（四）根据公约的有关规定，特别是第八条规定，对公约缔约方提请关注的情况提出适当的建议；

（五）建立磋商程序和其他机制，以在其他国际场合倡导本公约的目标和原则；

（六）执行缔约方大会可能要求的其他任务。

七、政府间委员会根据其议事规则，可随时邀请公共或私人组织或个人参加就具体问题举行的磋商会议。

八、政府间委员会应制定并提交缔约方大会核准自己的议事规则。

第二十四条　联合国教科文组织秘书处

一、联合国教科文组织秘书处应为本公约的有关机构提供协助。

二、秘书处编制缔约方大会和政府间委员会的文件及其会议的议程，协助实施会议的决定，并报告缔约方大会决定的实施情况。

第七章　最后条款

第二十五条　争端的解决

一、公约缔约方之间关于本公约的解释或实施产生的争端，应通过谈判寻求解决。

二、如果有关各方不能通过谈判达成一致，可共同寻求第三方斡旋或要求第三方调停。

三、如果没有进行斡旋或调停，或者协商、斡旋或调停均未能解决争端，一方可根据本公约附件所列的程序要求调解。相关各方应善意考虑调解委员会为解决争端提出的建议。

四、任何缔约方均可在批准、接受、核准或加入本公约时，声明不承认上述调解程序。任何发表这一声明的缔约方，可随时通知教科文组织总干事，宣布撤回该声明。

第二十六条　会员国批准、接受、核准或加入

一、联合国教科文组织会员国依据各自的宪法程序批准、接受、核准或加入本公约。

二、批准书、接受书、核准书或加入书应交联合国教科文组织总干事保存。

第二十七条　加　入

一、所有非联合国教科文组织会员国,但为联合国或其任何一个专门机构成员的国家,经联合国教科文组织大会邀请,均可加入本公约。

二、任何经联合国承认享有充分内部自治,并有权处理本公约范围内的事宜,包括有权就这些事宜签署协议,但按联合国大会第1514(XV)号决议没有完全独立的地区,也可以加入本公约。

三、对区域经济一体化组织适用如下规定:

(一)任何一个区域经济一体化组织均可加入本公约,除以下各项规定外,这类组织应以与缔约国相同的方式,完全受本公约规定的约束;

(二)如果这类组织的一个或数个成员国也是本公约的缔约国,该组织与这一或这些成员国应确定在履行公约规定的义务上各自承担的责任。责任的分担应在完成第(三)项规定的书面通知程序后生效,该组织与成员国无权同时行使公约规定的权利。此外,经济一体化组织在其权限范围内,行使与其参加本公约的成员国数目相同的表决权。如果其任何一个成员国行使其表决权,此类组织则不应行使表决权,反之亦然。

(三)同意按照第(二)项规定分担责任的区域经济一体化组织及其一个或数个成员国,应按以下方式将所建议的责任分担通知各缔约方:

1. 该组织在加入书内,应具体声明对本公约管辖事项责任的分担;

2. 在各自承担的责任变更时,该经济一体化组织应将拟议的责任变更通知保管人,保管人应将此变更通报各缔约方。

(四)已成为本公约缔约国的区域经济一体化组织的成员国在其没有明确声明或通知保管人将管辖权转给该组织的所有领域,应被推定为仍然享有管辖权。

（五）"区域经济一体化组织"，系指由作为联合国或其任何一个专门机构成员国的主权国家组成的组织，这些国家已将其在本公约所辖领域的权限转移给该组织，并且该组织已按其内部程序获得适当授权成为本公约的缔约方。

四、加入书应交存联合国教科文组织总干事处。

第二十八条　联络点

在成为本公约缔约方时，每一缔约方应指定第九条所述的联络点。

第二十九条　生　效

一、本公约在第三十份批准书、接受书、核准书或加入书交存之日起的三个月后生效，但只针对在该日或该日之前交存批准书、接受书、核准书或加入书的国家或区域经济一体化组织。对其他缔约方，本公约则在其批准书、接受书、核准书或加入书交存之日起的三个月之后生效。

二、就本条而言，一个区域经济一体化组织交存的任何文书不得在该组织成员国已交存文书之外另行计算。

第三十条　联邦制或非单一立宪制

鉴于国际协定对无论采取何种立宪制度的缔约方具有同等约束力，对实行联邦制或非单一立宪制的缔约方实行下述规定：

（一）对于在联邦或中央立法机构的法律管辖下实施的本公约各项条款，联邦或中央政府的义务与非联邦国家的缔约方的义务相同；

（二）对于在构成联邦，但按照联邦立宪制无须采取立法手段的单位，如州、成员国、省或行政区的法律管辖下实施的本公约各项条款，联邦政府须将这些条款连同其关于采用这些条款的建议一并通知各个州、成员国、省或行政区等单位的主管当局。

第三十一条　退　约

一、本公约各缔约方均可宣布退出本公约。

二、退约决定须以书面形式通知，有关文件交存联合国教科文组织总干事处。

三、退约在收到退约书十二个月后开始生效。退约国在退约生效之前的财政义务不受任何影响。

第三十二条 保管职责

联合国教科文组织总干事作为本公约的保管人，应将第二十六条和第二十七条规定的所有批准书、接受书、核准书或加入书和第三十一条规定的退约书的交存情况通告本组织各会员国、第二十七条提到的非会员国和区域经济一体化组织以及联合国。

第三十三条 修 正

一、本公约缔约方可通过给总干事的书面函件，提出对本公约的修正。总干事应将此类函件周知全体缔约方。如果通知发出的六个月内对上述要求做出积极反应的成员国不少于半数，总干事则可将公约修正建议提交下一届缔约方大会进行讨论或通过。

二、对公约的修正须经出席并参加表决的缔约方三分之二多数票通过。

三、对本公约的修正一旦获得通过，须交各缔约方批准、接受、核准或加入。

四、对于批准、接受、核准或加入修正案的缔约方来说，本公约修正案在三分之二的缔约方递交本条第三款所提及的文件之日起三个月后生效。此后，对任何批准、接受、核准或加入该公约修正案的缔约方来说，在其递交批准书、接受书、核准书或加入书之日起三个月之后，本公约修正案生效。

五、第三款及第四款所述程序不适用第二十三条所述政府间委员会成员国数目的修改。该类修改一经通过即生效。

六、在公约修正案按本条第四款生效之后加入本公约的那些第二十七条所指的国家或区域经济一体化组织，如未表示异议，则应：

（一）被视为经修正的本公约的缔约方；

（二）但在与不受修正案约束的任何缔约方的关系中，仍被视为未经修正的公约的缔约方。

第三十四条　有效文本

本公约用阿拉伯文、中文、英文、法文、俄文和西班牙文制定，六种文本具有同等效力。

第三十五条　登　记

根据《联合国宪章》第一百零二条的规定，本公约将应联合国教科文组织总干事的要求交联合国秘书处登记。

附件：

调解程序

第一条　调解委员会

应争议一方的请求成立调解委员会。除非各方另有约定，委员会应由5名成员组成，有关各方各指定其中2名，受指定的成员再共同选定1名主席。

第二条　委员会成员

如果争议当事方超过两方，利益一致的各方应共同协商指定代表自己的委员会成员。如果两方或更多方利益各不相同，或对是否拥有一致利益无法达成共识，则各方应分别指定代表自己的委员会成员。

第三条　成员的任命

在提出成立调解委员会请求之日起的两个月内，如果某一方未指定其委员会成员，联合国教科文组织总干事可在提出调解请求一方的要求下，在随后的两个月内做出任命。

第四条 委员会主席

如果调解委员会在最后一名成员获得任命后的两个月内未选定主席，联合国教科文组织总干事可在一方要求下，在随后的两个月内指定一位主席。

第五条 决　定

调解委员会根据其成员的多数表决票做出决定。除非争议各方另有约定，委员会应确定自己的议事规则。委员会应就解决争议提出建议，争议各方应善意考虑委员会提出的建议。

第六条 分　歧

对是否属于调解委员会的权限出现分歧时，由委员会做出决定。

图书在版编目（CIP）数据

非物质文化遗产法律指南/李树文，信春鹰，袁曙宏，王文章主编.
—北京：文化艺术出版社，2011.5
ISBN 978-7-5039-5112-1

Ⅰ.①非… Ⅱ.①李…②信…③袁…④王… Ⅲ.①文化遗产—保护—法规—中国—指南 Ⅳ.①D922.16-62

中国版本图书馆CIP数据核字（2011）第088721号

非物质文化遗产法律指南

主　　编	李树文　信春鹰　袁曙宏　王文章
出版统筹	兰　添
责任编辑	丁　晖
封面设计	李　鹏
出版发行	文化藝術出版社
地　　址	北京市东城区东四八条52号　100700
网　　址	www.whyscbs.com
电子邮箱	whysbooks@263.net
电　　话	（010）84057666　84057660（总编室）
	（010）84057696　84057698（发行部）
经　　销	新华书店
印　　刷	国英印务有限公司
版　　次	2011年6月第1版
印　　次	2011年6月第1次印刷
开　　本	880×1230mm　1/32
印　　张	8.375
字　　数	230千字
书　　号	ISBN 978-7-5039-5112-1
定　　价	25.00元

版权所有，侵权必究。印装错误，随时调换。